Dr. Wolfgang Bittscheidt

Geistiges Heilen

Dr. Wolfgang Bittscheidt

Geistiges Heilen

Energetische Heilkunst –
Aus meiner Praxis als Arzt und Heiler

Knaur
MensSana

Die Folie des Schutzumschlags sowie die Einschweißfolie
sind PE-Folien und biologisch abbaubar.
Dieses Buch wurde auf chlor- und säurefreiem Papier gedruckt.

Besuchen Sie uns im Internet: www.droemer-knaur.de
Alle Titel aus dem Bereich MensSana finden Sie im Internet unter
www.knaur-mens-sana.de

Originalausgabe Februar 2007

Umschlaggestaltung: ZERO Werbeagentur, München
Satz: Adobe InDesign im Verlag
Druck und Bindung: GGP Media, Pößneck
Printed in Germany
ISBN 978-3-426-66587-9

2 4 5 3

Meinem Jugendfreund
Medard Kehl gewidmet

Inhalt

A Einstimmung

»Wir können nicht
mit einem begrenzten Denken
die Probleme
des Unbegrenzten lösen.«
(N. N.)

Mein Weg vom Arzt zum Heiler

Wie ein Arzt zum Heiler wird, darauf kann ich keine allgemeingültige Antwort geben, aber ich kann über meinen eigenen Weg sprechen. Er begann bei einer schweren Krankheit und führte mich nach einem schmerzhaften und erfolglosen Umweg über die Schulmedizin zur Geistigen Heilung und zur Wiedererlangung meiner Gesundheit.

Das, was ich auf diesem Weg erlebte, faszinierte und berührte mich zutiefst. So fragte ich meine Heiler, ob sie mich in ihre Arbeitsweise einführen könnten. Sie haben es auf unterschiedliche Weise und von unterschiedlichen Ansätzen aus getan, wofür ihnen mein tiefer Dank gilt.

Als das Geistige Heilen in mein Leben trat – oder als ich selbst endlich diesen mir vorbestimmten Pfad betrat –, praktizierte ich als »normaler« Orthopäde in einer gut gehenden großstädtischen Praxis. Sicher, alternative Heilmethoden hatten mich schon immer interessiert, aber Geistiges Heilen war eine andere Dimension. Neuland für mich. Neuland auch für meine Patienten, für meine Familie und Freunde. Doch für mich gab es kein Zurück. Ich veränderte mein Leben, denn ich spürte, dass ich der Stimme meines Herzens folgen musste. Sie hatte mir deutlich gesagt, wohin ich zu gehen hatte. So also betrat ich diesen Pfad, der am Anfang nur ein kleiner Wildwechsel war, über den ich mich manchmal mehr stolpernd als sicher schreitend fortbewegte. Ich war umgeben von einem Dickicht aus Fragen, Möglichkeiten. So geht es Ihnen vielleicht auch, liebe Leserin, lieber Leser, wenn Sie sich zum ersten Mal mit dem Thema des Geistigen Heilens beschäftigen. Doch keine Sorge, das Dickicht wird sich schnell lichten und die Klarheit, die Sie dann empfangen, wird Sie überraschen und beglücken. Wer sich in diesem spannenden Thema schon ein wenig oder gut auskennt, wird hier sicherlich auch das eine oder andere Interessante entdecken – besonders im C-Teil dieses Buches, wo ich anregendes Material aufbereitet habe, das nicht nur dem Eigengebrauch dienen kann, sondern sich auch vortrefflich für intensive Diskussionen mit Skeptikern eignet!

Es war mir von Beginn an ein großes Anliegen, mich mit den naturwissenschaftlichen Erklärungsmodellen vertraut zu machen, schließlich musste ich meinen mit der Schulmedizin vertrauten Patienten meinen Richtungswechsel plausibel erklären. Ich hatte damals noch keine Ahnung, wie viel wir von der Wirkungsweise des Heilens mit naturwissenschaftlichen Erkenntnissen erklären können. Und ich wusste nicht, welches Abenteuer und welche Chance zum persönlichen Wachstum es bedeutet, den Weg der inneren Einkehr anzutreten, den Weg zum Grunde des eigenen Herzens, wo wir alles Licht, alle Liebe und alle Kraft finden können, die wir brauchen, um erfolgreiche Heiler zu sein – oder auch »nur« Menschen, die im Einklang mit sich selbst leben. Gesund, glücklich, geborgen in einem übergeordneten Ganzen.

Doch was heißt nun eigentlich »Geistiges Heilen«? Der bekannte Psychologe und Publizist Dr. Harald Wiesendanger definiert es folgendermaßen: »Geistiges Heilen ist ein Oberbegriff für Verfahren, die beinahe nichts verbindet – bis auf eine einzige Gemeinsamkeit: Die bloße Intention zu heilen reicht offenbar häufig aus, Leiden entgegen ärztlicher Prognosen zu lindern oder sogar zu beseitigen; dabei werden keinerlei therapeutische Mittel eingesetzt, die nach gegenwärtigem Erkenntnisstand wirksam sein könnten. Was heilt, scheint purer Geist.«

Während meiner Ausbildung zum geistigen Heiler stieß ich in der betreffenden Literatur immer wieder auf den Begriff der energetischen Heilweisen, ja ich stellte fest, dass geistige und energetische Heilweisen im Sprachgebrauch fast identisch gehandhabt wurden.

Ich fragte Brenda Davies, eine bekannte Heilerin und Psychotherapeutin aus England, die zu jener Zeit Beauftragte des englischen Parlamentes für die Koordination von alternativen und konservativen Heilweisen war und die ich bei Seminaren in Berlin kennengelernt hatte.

»Was erreichen wir eigentlich mit unserer heilenden Energie, Brenda? Wo kommt sie her, wie wirkt sie?«

Brenda antwortete: »Die Energie, die durch uns hindurchfließt, die wir bündeln, ist für mich göttlichen Ursprungs. Für mich ist es die *universal energy*, denn sie durchdringt das ganze Universum. Wenn wir sie weitergeben, aktivieren wir damit die Selbstheilungskräfte der Patienten.«

Und wie sah nun für mich der Beginn der praktischen Arbeit mit heilender Energie aus (damals glaubte ich noch, es gehe tatsächlich um eine Art Vermittlung von kosmischer heilender Energie)? Dazu will ich von der Begegnung mit meiner ersten Patientin berichten, die ich bewusst mit »Energie« behandelte.

Es war im Februar 1997. Vor mir im Sprechzimmer meiner damals rein orthopädisch-chirotherapeutischen Praxis saß eine Unternehmensberaterin – nicht als Patientin, sondern wir wollten ein gemeinsames Projekt besprechen. Sie war Mitte 40, attraktiv, ein Erfolgstyp, der schnell das Wesentliche zu erfassen in der Lage ist.

Unser Gespräch dauerte etwa eine halbe Stunde, als sie plötzlich den Kopf in den Nacken legte. Sie drehte ihn nach rechts und links. Ob sie Nackenschmerzen habe, fragte ich. »Ja«, antwortete sie, »wenn ich mich konzentriere, geht's nach zirka 30 Minuten los. Seit meinem Unfall damals vor zehn Jahren. Und jede Nacht wecken mich grässliche Kopfschmerzen.«

Ich war damals seit 25 Jahren Schulmediziner, seit 20 Jahren Arzt für Orthopädie, Chirotherapie und physikalische Medizin und hatte gerade mein zweites Wochenende einer Ausbildung zum Heiler hinter mir. Wie konnte ich dieser Frau auf die Schnelle helfen? In einer halben Stunde würde ein Taxi sie zum Flughafen bringen.

Ich stand auf, trat hinter sie und legte meine Hände auf ihre Schultern. »Entspannen Sie sich. Schließen Sie die Augen. Lassen Sie einfach die Gedanken los.«

Sollte es stimmen, dass ich heilende kosmische Energie mit meiner Konzentration auf meine Patientin übertragen konnte? Ich spürte ein starkes Wärmegefühl in meinen Händen. 20 Minuten später atmete die Patientin tief durch, bewegte ihre Schultern, ihren Nacken, den Kopf. »Es ist wie weggeblasen«, sagte sie leise. In diesem Moment klingelte es an der Tür. Ihr Taxi war da.

Am nächsten Vormittag rief sie mich an und berichtete mir

überglücklich, dass sie zum ersten Mal seit zehn Jahren ruhig durchgeschlafen habe.

Eine Jahre später gemachte Erfahrung zeigte mir, in welch tiefe Schichten Geistiges Heilen hinabreicht.
Eine 35-jährige Patientin suchte mich auf und klagte über andauernde, stärkste Rückenschmerzen. Sie könne wegen der Schmerzen keine Nacht mehr richtig schlafen und sei demzufolge mit ihren Nerven und ihrer Kondition völlig am Ende. Vor fünf Jahren habe sie einen Bandscheibenvorfall an der Lendenwirbelsäule gehabt, seitdem bestehe dieser quälende Zustand.
Eine Stunde lang konzentrierte ich mich auf sie, visualisierte Farben auf ihre Körperoberfläche, legte ihr meine Hände auf und fühlte mich in sie hinein. Sie befand sich den längsten Teil der Behandlung in tranceähnlichem oder schlafendem Zustand. Als ich ein kurzes Gebet sprach, wachte sie auf, erhob sich mühsam und verabschiedete sich dann.
Nach zwei Wochen erschien sie erneut und berichtete über folgenden Verlauf seit der ersten Behandlung: »Etwas Unglaubliches ist geschehen! Es war total verrückt ... es begann schon im Treppenhaus Ihrer Praxis. Da musste ich plötzlich weinen. Dabei war ich gar nicht traurig. Ich war eher ... betroffen. Berührt. Angerührt. Tief in mir drin. Und das hat gar nicht mehr aufgehört. In der nächsten Woche habe ich immer wieder völlig überraschend weinen müssen. Am achten Tag nachdem ich bei Ihnen war, wachte ich morgens erholt und entspannt auf und wusste, dass ich nun nicht mehr zu weinen brauchte. Es war, als hätte ich alles fortgespült. Und stellen Sie sich vor: Seit diesem Morgen habe ich keine Rückenschmerzen mehr!«

Geistiges Heilen wirkt in Bereichen, in denen wir ganz unten am Grunde der Krankheit, ich glaube sogar, am Grunde des Lebens angekommen sind. Ich glaube auch, in dieser Schicht unserer Natur findet tatsächlich die Heilung statt.
Wenn wir an unseren Patienten Spuren einer ungewöhnlichen und nicht nachvollziehbaren Wirkung einer heilenden Kraft bemerken, dann drängen sich natürlich Fragen auf: War ich es, der diese Kraft weitergegeben hat? Ist es meine Kraft oder ist es eine Kraft in mir, die eigentlich nicht meine eigene Kraft ist? Woher kommt diese Kraft? Aus der »geistigen Welt«? Aus dem Universum, wie Brenda Davies sagt?
In der Heilerszene wird diese Kraft fast ausschließlich »Energie« genannt oder, damit es menschlich-biologisch klingt, »Bioenergie«. Man hört auch, »Bioenergie« sei göttlichen Ursprungs. Es gibt Lehrbücher für energetische Heilweisen, für bioenergetisches Heilen, für Energieheilungen, die unser gesamtes Medizinverständnis umordnen sollen und »zu neuem Leben« führen könnten. Bei manchen dieser Konzepte geht es auch um Chakren- oder um Farbheilung, Quantenheilung. Es ist die Rede von Heilen mit Magnetfeldern und von Heilen, bei dem Magnetfelder lediglich als Trägerfeld für die heilenden Wellen eingesetzt werden. Wir lesen von »geistigen Führern« und Reinkarnationen. Dies alles wird benutzt zur Erklärung von Krankheiten und manchmal sogar zur Heilung. Also ein kunterbunter Mix aus westlichem und östlichem und früh-, mittel- und spätgeschichtlichem Glauben und Denken. Da drängt sich mir das Wort Einheitsfondue auf. Kennen Sie ein Einheitsfondue? Bei ihm sind alle wunderbaren, leckeren, vielfarbigen, scharfen oder milden, süßsauren, brennenden, mehligen, cremigen, indischen, chinesischen, spanischen und franzö-

sischen Saucen zu einer einzigen Sauce vereint, die alle genannten Einzelkomponenten enthält, aber dennoch nicht den Zweck erfüllt, allen Leuten zu schmecken; damit aber auch dies noch erreicht wird, rührt der Zauberkoch etwas Himbeersirup unter, denn süß mag schließlich jeder.

Wie viele andere hatte auch ich zu Anfang meiner Heilertätigkeit eine Phase, in der ich mich für einzelne Saucen noch nicht entscheiden konnte. Im übertragenen Sinne tat sich hier ein gewisser Widerspruch auf zwischen meinem christlichen Glauben und den oft vielschichtigeren Glaubensinhalten, die ich im Umfeld des Heilens häufig kennenlernte. Auch in der Auffassung naturwissenschaftlicher Grundlagen war ich, wenn auch recht ausschließlich, so doch wenig differenziert, Anhänger des Energiekonzeptes Geistigen Heilens.

In dieser Phase des Suchens nahm ich an einem Seminar über »Neue Therapieformen des Wassermannzeitalters« teil. Die Referentin hieß Sara, früher erfolgreiche Leiterin eines Reisebüros in Wuppertal, jetzt unterhielt sie eine Lehr- und Begegnungsstätte auf Ibiza. Was sie vermittelte, war teilweise recht beeindruckend. So hatte ich bei einer von ihr geführten Meditation den lebhaften Eindruck, mit meiner Vorstellung, mit meinen Blicken Menschen regelrecht durchleuchten zu können. Manchmal ist gar kein Lernen erforderlich, sondern nur ein Sich-Erinnern, stellte ich fest.

Gegen Ende des Seminars fragte ich Sara, ob ich bei ihr weitere Techniken für meine Heilertätigkeit erfahren könnte.

Sara antwortete, das käme darauf an, ob ich einer von ihnen sei: »Ich unterrichte nur Menschen, die schon auf Sirius zu unserer Priesterkaste gehört haben. Lass dich mal umarmen, dann spüre ich, ob wir uns früher nahgestanden ha-

ben.« Sara umarmte mich etwa zehn Sekunden lang. Ich spürte Wärme, hatte aber sonst keine Empfindungen, Bilder oder Einblicke ins Paranormale.
Sara löste die Umarmung, schaute mir freundlich lächelnd in die Augen und sagte: »Du kannst kommen. Du warst früher ein bedeutender Lehrer bei uns.«
Ich fragte Teresa, die Heilerin, mit der ich viel zusammenarbeite, nach ihrer Meinung über die Therapien des Wassermannzeitalters, die Sara anbot. Teresas Antwort war wie immer eindeutig und überzeugte mich: »Wenn du dich damit befassen willst, dann tu es. Oder willst du als Schamane rasseln und trommeln? Dann rassle und trommle. Oder willst du über die Aura heilen? Dann vertiefe dich in die Aura. Oder willst du die Geister deiner Vorfahren beschwören? Dann beschwöre sie. Tu, was dir die Stimme deines Herzens rät.«
»Und du?«, fragte ich.
»Ich gehe meinen geraden Weg auf Gott zu. Ich gebe seine heilende Liebe weiter. Ich lebe meinen Auftrag.«
Ich habe seitdem nicht mehr über Sirius nachgedacht.

Eine ähnlich klare Antwort bekam ich für meine anfangs so häufig gedachte Frage, wie ich denn nun »richtig« heilen sollte. Die Wahl war gar nicht so einfach, da ich bei verschiedenen Meistern in die Schule ging und dort verschiedene Techniken lernte.
Igor: »Leg deine Hand auf den Brustkorb deines Patienten, dann auf den Bauch, dann aufs Becken. Mit dieser Hand überträgst du Energie. Die andere Hand benutze wie einen Radarschirm und nimm energetische Störungen oder das Signal eines normalen Energieflusses auf.«
»Kann ich meine Hände nicht im Auraabstand über den

Körper halten? Dann spüren meine Handinnenflächen viel mehr Wärme, Kälte, Kribbeln, Hitze ...«

»Nein, das wirkt viel zu indirekt. Es kommt auch kaum auf deine Empfindungen an, du wirst mit deinem inneren Auge sehen. Also leg die Hände auf und nimm dich nicht so wichtig.«

Igor hat seinen Schülern dank seiner energetischen Fülle das innere Auge geöffnet, so oft, dass ich mich schließlich fragte, warum es denn immer wieder zufalle.

Ein anderer Heiler sagte mir, ich solle Farben auf der Haut des Patienten visualisieren. Diese Anweisung deckte sich mit mehreren Träumen, in denen ich ähnliche Anweisungen erhalten hatte, allerdings in einer transzendenten Welt, die ich als »Reich des Lichtes« bezeichnen möchte.

Eines Tages war ich zur Behandlung bei meiner Krankengymnastin Ulrike. Am Ende der Stunde gestand sie mir, dass sie sich zurzeit völlig erschöpft fühle und fragte, ob ich sie mit Energie auftanken könnte. Dazu war ich gern bereit. Ich legte meine Hände erst auf Ulrikes Schultern, dann auf ihren Kopf, wechselte von dort zu ihren Oberarmen. Ulrike saß mit geschlossenen Augen vor mir und schien zu schlafen. So geht es vielen Patienten während einer Heilmeditation. Man gerät dabei leicht in einen tranceähnlichen Zustand.

Wenn ich in der Vermittlung von Energie wirklich souverän wäre, dann würde ich sie sogar mit meinen Augen und meinen Blicken steuern können. Ich schaute auf Ulrikes linke Schulter; mein Blick glitt an der Außenseite ihres Oberarmes nach unten, ihren Unterarm entlang, von dort auf die Außenseite ihres Kniegelenkes und ihres Unterschenkels bis zum Außenknöchel. All dies müsste Ulrike spüren. Gleich darauf kamen meine eigenen Zweifel, unter denen ich damals noch zu leiden hatte: Wer kann schon Energie mit den Blicken steuern.

Umso verblüffter war ich, als Ulrike mir von ihren Erlebnissen während der Behandlung berichtete: »Es war wunderbar! Ich bin hier im Raum herumgeschwebt, hatte das Gefühl, ich könnte mich von der Liege bis unter die Zimmerdecke gleiten lassen und wieder zurück. Zum Schluss geschah etwas Seltsames. Es war, als streiche jemand mit einer Nadel von meiner linken Schulter über die Außenseite meines Ober- und Unterarmes und über meinen Unterschenkel bis zum Außenknöchel.«

Eines Abends war ich zum Essen bei Freunden eingeladen. Es war geplant, dass ich bei der Dame des Hauses eine energetische Behandlung durchführte. Sie litt seit Jahren an einer entstellenden, in Schüben ablaufenden Hauterkrankung, und bis auf Geistiges Heilen hatte die Familie alles versucht.

Nach dem Abendessen räumten der Hausherr und seine zwei erwachsenen Kinder das Wohnzimmer, ich blieb mit der Patientin zurück. Sie legte sich auf ein helles Sofa, das vom übrigen Wohnraum durch einen langen Seidenvorhang abgetrennt war. Ich suchte eine passende CD aus und begann mit der Meditation. Nach einiger Zeit spürte ich: Wir waren nicht allein im Raum. Hätte ich klarer sehen können, ein wenig über das Normale hinaus nur, dann hätte ich Helfer aus der geistigen Welt erkennen können, die mich bei meiner Arbeit und unserer Heilmeditation begleiteten. Ich überlegte, welche Methode ich bei dieser Patientin anwenden sollte. Handauflegen? Visualisieren von Farben? Übertragung von Energie mit meinen Blicken?

Plötzlich stand mir ein Satz vor Augen, irgendwo in meinem

Bewusstsein, als wäre ein Projektor eingeschaltet worden. Der Satz lautete: Ich bringe dir die Liebe und die heilende Kraft unseres Herrn Jesus Christus.

Von da an wusste ich, wie ich heilen sollte, worauf es ankommt: nicht auf die Handhaltung, nicht auf die Art der visualisierten Farben, sondern auf die absolute Sicherheit, mit der Liebe Gottes zu heilen und die Patienten für diese Liebe zu öffnen.

B

Ganzheitliches Heilen

Wir finden Tröstungen,
wir finden Betäubungen,
wir lernen Kunstfertigkeiten,
mit denen wir uns täuschen.
Das Wesentliche aber,
den Weg der Wege,
finden wir nicht.
(Hermann Hesse)

Die Geschichte des Heilens

Das Geistige Heilen hat eine lange Tradition, auch wenn man berücksichtigt, dass sich die Vorstellungen von Krankheit und Heilung im Laufe der Jahrhunderte verändert haben. Im europäischen Kulturkreis wurden Krankheiten im Mittelalter häufig bösen Geistern zugeschrieben. Da war die Rede von Hexerei, Zauberei – und natürlich göttlichem oder teuflischem Einfluss. Diese Meinung herrschte im christlichen Europa bis in das Zeitalter der Vernunft, also die Aufklärung hinein. Einzelne christliche Sekten sehen Krankheit und Heilung bis heute unverändert im Zusammenhang mit göttlicher Vorsehung und übernatürlichen Einflüssen. Die großen christlichen Kirchen zeigen gegenüber dem Geistigen Heilen eine eher ablehnende Haltung, wobei in Einzelfällen das charismatische Heilen durchaus anerkannt wird. Dabei wird im Wesentlichen von der heilenden Kraft von Gebeten ausgegangen. Orte wie das weltberühmte Lourdes in Frankreich, an dem das Mädchen Bernadette eine Marienerscheinung hatte, zeugen tatsächlich von beeindruckenden Kräften.

Die katholische Kirche kennt eine Vielzahl von Orten und Relikten, denen als heilungsspendende Quellen heilende

Wirkung zugeschrieben wird. Diese zum Teil Aufsehen erregenden »Heilungen« sind in einer Vielzahl von Fällen wissenschaftlich beziehungsweise ärztlich bestätigt worden. Es gibt sie wirklich, die Lahmen, die wieder gehen, die Blinden, die wieder sehen können!

Doch zurück zur Geschichte des Heilens – und zwar ganz an den Anfang. In der hippokratischen und galenschen Medizin hatte sich zunächst eine mehr naturbewusste Tendenz der Heilkunst durchgesetzt. In der Folgezeit, etwa ab dem frühen 5. Jahrhundert, bekam die Heilkunst im Christentum – der übrigens von Kaiser Konstantin eingesetzten Staatsreligion – eine eher religiöse Ausprägung. Diese Ausprägung hielt sich auch bei den Nachfolgern Konstantins. Und so ist es vielerorts bis heute geblieben: Die christlichen Lehren und Sakramente begleiten die Gläubigen durch ihr ganzes Leben – von der Taufe bis zum Tode.

Im frühen Christentum wurde eine klare Grenze gezogen zwischen Körper und Seele. Der Arzt war für den Körper zuständig, der Priester für die Seele. Selbstverständlich hatte sich der Arzt hierbei dem Priester unterzuordnen, das heißt, die Kirche thronte über allem, also auch über der Medizin. Es bestand somit eine klare Trennung zwischen der Heilkunst und dem Glauben – und mehr noch: ein Graben zwischen der Wissenschaft und dem Glauben. Dieser Graben ist auch Thema dieses Buches, denn als Arzt und geistiger Heiler bin ich wie eine Brücke, die ich selbst zwar für völlig natürlich und vor allem dem Wohle meiner Patienten dienlich halte – die jedoch in breiten Teilen der Bevölkerung noch keine Akzeptanz gefunden hat.

Im Neuen Testament der Bibel werden viele Arten der Heilung beschrieben, überwiegend geistige, religiös begründete, aber auch weltliche Heilweisen. Einer der prominentesten Persönlichkeiten der Urkirche, der Evangelist Lukas, war Arzt. Die bekanntesten Schutzpatrone der Heilkunst, Kosmas und Damian, waren ausgebildete Ärzte. Sie wurden mit dem griechischen Wort *anargyroi* bezeichnet, da sie für ihre ärztliche Tätigkeit keine Bezahlung annahmen. In der Apostelgeschichte des Neuen Testamentes wird Heilung im Wesentlichen als Glaubensfrage dargestellt. Sie wird unter Gebeten und durch Handauflegen durchgeführt. Von Jesus Christus sind etwas mehr als 30 Wunderheilungen überliefert. Man kann nicht sagen, dass Christus seine göttliche Macht durch Heilungen unter Beweis stellte; ein Argument, das heutzutage von Vertretern der Kirche im Zusammenhang mit einer Ablehnung Geistigen Heilens ins Feld geführt wird. Mit Sicherheit aber wollte Christus zum Ausdruck bringen, dass Gott selbst ihn mit seiner göttlichen lebensspendenden und heilenden Kraft ausgestattet hatte. So wies er seine Apostel und Jünger an, kranken Menschen die Hände aufzulegen, sodass Krankheiten und Dämonen ausgetrieben würden. Die Gabe des Heilens wurde eindeutig als eine der Gaben des Heiligen Geistes verstanden. Der berühmte englische Geistheiler Harry Edwards, dem das Geistige Heilen in England seine große Verbreitung und Anerkennung verdankt und der von 1935 bis zu seinem Tode 1976 geistige Heilungen praktizierte, hinterließ das Buch »Praxis der Geistheilung«, in dem er schrieb:

> *»Das Geistige Heilen ist ein Geschenk Gottes an alle seine Kinder, gleichviel welcher Rasse oder Religion. Sie ist die größte und gewiss auch die geistigste Gabe, die einem Menschen verliehen werden kann. Mit ihrer Hilfe soll der göttliche Plan von der Entwicklung der Men-*

schenfamilie zum Geistigen verwirklicht werden. So bedeutet ein Heiler zu sein eine Aufgabe in Gottes Plan zu übernehmen. Dies ist eine wahrhaft geistige Aufgabe; und daher sollte ein Heiler seinen ganzen Lebensweg unter hohe Ideale und die ›Gebote der wahren Nächstenliebe‹ stellen, die da lauten:
Du sollst keinem Wesen Leid oder Schaden zufügen.
Du sollst dich bemühen, nur zu dienen.
Du sollst duldsam und großmütig in allen Dingen sein.
Du sollst dich bemühen, in jeder Lage dein inneres Gleichgewicht zu bewahren.
Du sollst gegen diejenigen, die dir Unrecht zufügen, keine Hass- und Rachegedanken hegen, denn wenn du das dir zugefügte Unrecht in den richtigen Blickwinkel rückst, so erkennst du, wie verhältnismäßig unwichtig es ist.
Du sollst dich von verleumderischem Geschwätz fernhalten; und, was ebenso wichtig ist:
Du sollst Ehrfurcht und Fürsorge haben für alle lebende Kreaturen, sie vor Grausamkeit beschützen und sie als deine ›jüngeren Brüder‹ und Teilhaber an Gottes Schöpfung erkennen.
Freudig sollten wir uns in den Dienst der guten Sache stellen, wir sollten unseren Nächsten durch jede Gefälligkeit helfen, nicht nur wenn sie krank sind und Trost brauchen.«

In Westeuropa entstanden seit dem 4. Jahrhundert Hospitäler, in denen Kranke und Aussätzige gepflegt wurden. Mitte des 6. Jahrhunderts entstand in Jerusalem ein Hospital mit mehr als 200 Betten.
Wesentliche Wurzeln der ärztlichen Heilkunst stammen aus

dem Griechenland des Altertums: Auch die griechische Gesellschaft stützte sich zunächst schwerpunktmäßig auf religiöse Heilung. So galt Apollo unter anderem als Gott des Heilens. Die Götter heilten und die Götter verwundeten. Über allem stand der Gott Asklepios, der auch die Macht hatte, Tote auferstehen zu lassen. Zu Asklepios' Herkunft gibt es unterschiedliche Angaben. Er könnte ein Sohn von Apollo und einer sterblichen Mutter gewesen sein. Aus dem mythologischen Bereich hatte er Kenntnisse über pflanzliche Heilmittel erhalten, die er zu Heilzwecken nutzte. Der Sage nach wurde Asklepios von dem obersten Gott des griechischen Olymps, von Zeus, durch einen Blitz getötet und später zum Gott erhoben. Nach einer anderen Quelle soll Asklepios ein geschickter Wunderheiler gewesen sein, dessen Söhne zu Ärzten wurden, von denen wiederum viele praktische Ärzte abstammten. Jedenfalls wurde Asklepios als Schutzgott der Medizin mit Stab und Schlange dargestellt, woher sich das heutige Arztsymbol, der Äskulapstab, ableitet.

Aus einem anderen Hintergrund erwuchs die Heilkunst des Hippokrates, der von ca. 460 bis 370 v. Chr. lebte und von der Insel Kos stammte. Hippokrates' Heilkunst gab sich von Anfang an unabhängig vom Übernatürlichen und fußend in der Philosophie über die Natur. In den Schriften des Hippokrates sucht man vergeblich einen Hinweis darauf, dass irgendeine Krankheit von Göttern verursacht oder geheilt worden sei. Die hippokratischen Ärzte setzten eine natürliche Theorie der Krankheitsursachen voraus, sodass der Arzt nicht länger ein Mittler zwischen der göttlichen Welt und den Menschen, sondern ein sachkundiger Freund der Kranken war. Nur vereinzelt findet man Schilderungen, dass Hippokrates auch mit Handauflegen gearbeitet habe. Und

wenn, so führte er die positiven Wirkungen, die er damit erreichte, nicht auf übernatürliche Mächte zurück! Wenn er bei seinen Patienten in Einzelfällen Schmerzen linderte, indem er seine Hände auf die schmerzhaften Körperstellen legte, so erläuterte er: »Es war, als wohne meinen Händen eine geheimnisvolle Heilkraft inne.«
Unter dem wesentlichen Einfluss der Hippokratiker wurde die Heilkunst im klassischen Griechenland offen und flexibel interpretiert. Sie war verschiedenen Einflüssen und Außenseitermethoden zugänglich. Philosophische Gedankengänge standen im Zwiegespräch mit sachlich-medizinischen Vorstellungen von Gesundheit und Krankheit. Diese Auffassungen setzten sich im gesamten Ausbreitungsgebiet der griechischen Zivilisation von Kleinasien bis Sizilien und Süditalien durch. Entsprechend der heute zum Beispiel in der Akupunktur repräsentierten energetischen Auffassung von Krankheitsursache und Heilung war der wichtigste Grundgedanke hippokratischer Medizin, dass Gesundheit ein Gleichgewicht der körperlichen Kräfte und Krankheit eine Störung dieser Kräfte darstelle. Die Aufgabe des Heilers bestand darin, durch sein Können das Gleichgewicht zwischen diesen gegensätzlichen Kräften zu erhalten oder im Falle einer Störung (Unwohlsein oder Krankheit) wieder herzustellen. Dabei war die eigentliche Heilerin der Krankheit die Lebenskraft selbst. Die Ärzte in der Gefolgschaft und in der Nachfolge des Hippokrates spezialisierten sich auf eine klinische Medizin, also auf eine Medizin am Krankenbett. Sie beobachteten ihre Patienten, registrierten die ihnen auffallenden Veränderungen, führten Gespräche, gewannen Vertrauen und unterstützten so die Heilkraft der Natur. Im Sinne dessen, was wir heute als einen Baustein in ganzheitlicher Medizin verstehen, gehörte

es zur Kunst der Diagnose, Lebensweise, Wohnung, Arbeitsumfeld und Ernährungsgewohnheiten der Patienten zu erforschen.

So wie das diagnostische Können hippokratischer Ärzte geachtet war, schätzte man auch ihre Fähigkeit zur Prognose. Darin sah man eine wichtige Voraussetzung der Anerkennung der Fähigkeiten und des sozialen Standes der Ärzteschaft. Denn prognostische Aussagen, die sich später als zutreffend herausstellten, erweckten Vertrauen und gaben dem begabten Heiler eine größere Glaubwürdigkeit. Hierin sehe ich Anklänge zur Beurteilung Geistigen Heilens in der heutigen Zeit, wobei man dann als Heiler zu hoher Achtung gelangt, wenn man nicht nur in der Lage ist, entsprechende Erfolge beim Geistigen Heilen zu erlangen, sondern auch prognostische und diagnostische Aussagen zielsicher zu machen weiß.
129 n. Chr. wurde in Pergamon in der heutigen Türkei Galenus Galen geboren. Er fasste das gesamte Wissen der antiken Heilkunde in einem einheitlichen System zusammen, welches das ganze Mittelalter hindurch bis zur Neuzeit fast absolute Autorität besaß. Dabei kombinierte Galen die antike Viersäftelehre mit einer besonderen Pneumalehre. Unter der Anleitung seines Vaters, eines reichen Architekten, genoss Galen eine lange, umfangreiche und liberale Ausbildung. Galens Lehrer stammten zum Teil aus Alexandrien; er bereiste Ägypten und erwarb Arzneimittellisten aus Indien und Südafrika. Nach Pergamon zurückgekehrt, wurde er im Jahre 157 n. Chr. zum Gladiatorenarzt ernannt und konnte so seine Kenntnisse über Anatomie und Chirurgie erheblich erweitern. Um seine Bildung auf noch breitere Basis zu stellen, seine Stellung zu festigen und zu Ruhm zu

gelangen, siedelte Galen 162 n. Chr. nach Rom um. Durch öffentliche Auftritte und Demonstrationen wurde er bekannt. Mehr und mehr konsultierten ihn Senatoren und staatliche Würdenträger und von 170 n. Chr. an stand Galen im Dienst am kaiserlichen Hofe. Er wurde Leibarzt mehrerer Herrscher. Inzwischen war Galen ein hochgebildeter Mann und Philosoph. Er glaubte an Platons »dreigeteilte Seele mit Sitz in Kopf, Brust und Bauch« – und mit der Physik des Aristoteles erklärte er sich das Körpersystem. Er schrieb und lehrte, die Philosophie solle die Medizin fördern; der Arzt müsse die Philosophie beherrschen. Physik als die Wissenschaft von der Natur, die Ethik als die Wissenschaft vom Handeln und die Logik als die Wissenschaft des richtigen Denkens waren damit die Grundpfeiler der Philosophie und auch theoretischer Überbau der Medizin. Ein guter Arzt, so Galen, praktiziere aus Liebe zu den Menschen; das nahm ihm aber durchaus nicht das Recht, seinen Lohn in Form von Ruhm und Reichtum zu erhalten. Galen sah sich nicht nur als guten Kliniker, sondern auch als Medizinwissenschaftler. Sein medizinisches Handeln stand auf der Basis von funktioneller Anatomie, und in den krankhaften Veränderungen körpereigener Strukturen sah er die Ursache von funktionellem Versagen der Organe und schließlich von Krankheit. So erklärte er Unbekanntes auch mit strukturell-funktioneller Pathophysiologie. Galen führte den Aderlass als universal zu benutzendes therapeutisches Instrument in seine Behandlungskonzepte ein und begründete dies mit einer sehr speziellen Pulslehre, die er in 16 Büchern zusammenfasste. Galen stellte die klinische hippokratische Medizin zudem in einen größeren anatomisch-physiologischen Zusammenhang. Für ihn fügten sich Anatomie, Logik und Erfahrung zu einer Einheit zusammen. Von Galen selbst ist eine Einschätzung der Rolle überliefert, die er für die Medizin spielte:

> *»Ich habe für die Medizin so viel getan wie Trajan für das Römische Reich, als er Brücken und Straßen durch Italien baute. Ich habe den wahren Weg der Medizin geöffnet. Hat auch Hippokrates diesen Weg bereits gewiesen, so habe ich ihn gangbar gemacht.«*
>
> *(Porter, Roy: »Die Kunst des Heilens«)*

Paracelsus von Hohenheim (1493–1542) wird mit Recht als der große Arzt der Neuzeit bezeichnet. Parallel zu der Reformation des Martin Luther forderte er eine Reformation der Medizin. Paracelsus' Vater war Arzt und unterrichtete ihn in Medizin und Naturphilosophie. Die Schriften seines Zeitgenossen Johannes Drithemius (1464–1518) veranlassten Paracelsus auch, von einem Wirken unsichtbarer spiritueller Kräfte auszugehen, die eine Verbindung zwischen Gott und dem Menschen in einem nicht nur naturwissenschaftlich verstandenen Kosmos bildeten. Insofern kann man Paracelsus nicht als den Begründer der rein wissenschaftlichen Medizin darstellen, denn nach seiner Auffassung enthielt diese Medizin immer auch esoterische, mystische und spirituelle Lehren. Wir wissen und bekommen es auch heute noch immer wieder gezeigt, dass diese Lehren nicht mit der wissenschaftlichen Grundlage moderner Medizin vereinbar sind. Andererseits aber arbeitete Paracelsus mit landläufigen Vorstellungen und volkstümlicher Heilkunde. Er stellte neue chemische Theorien auf und postulierte in allen Substanzen Schwefel, Quecksilber und Salz; diese Grundsubstanzen sah er jedoch nicht als stoffliche Elemente, sondern als verborgen wirkende Kräfte. Insgesamt war Paracelsus der tiefsten

Überzeugung, die Natur beherrsche alles, und jeder Arzt und Heiler müsse sie deshalb kennen und sie zur Grundlage seiner Arbeit machen. Paracelsus verachtete akademisches Treiben. Als er 1526 als Stadtarzt und Medizinprofessor nach Basel berufen wurde, erklärte er bei seiner ersten Vorlesung, er wolle nicht die Medizin eines Galen oder eines Hippokrates verkünden, denn nur die Erfahrung könne die Geheimnisse von Krankheit und Heilung entschlüsseln. Nach Paracelsus waren seine Grundsubstanzen Schwefel, Quecksilber und Salz den Elementen und Körpersäften der galenschen Medizin überlegen. Mit seinen chemischen Prinzipien erklärte Paracelsus Lebensvorgänge, wobei er geistige und vitale Kräfte mit einbezog. Er sprach vom Bestehen der inneren Lebenskraft, der vis vitalis, welche Körperfunktionen lenke und den Menschen am Leben erhalte. Paracelsus hielt also die Krankheit für spirituell begründet. So war die medizinische Vorstellung des Paracelsus keine Konstitutionenlehre wie bei Galen, sondern er vertrat eine Auffassung der Spezifität der Krankheiten und eine neue Art der Krankheitslehre, da Krankheiten entweder durch Störungen der wesenseigenen Spiritualität oder durch äußere Einwirkungen hervorgerufen würden.

In der zeitgenössischen esoterischen Literatur, die zur Thematik des Geistigen Heilens existiert, finden wir immer wieder Begriffe von energetischer Medizin, energetischem Heilen oder Energiearbeit. Diesen Äußerungen zufolge lässt man die Energie fließen, man gleicht Energiedefizite aus, man baut Energiefelder auf oder bringt die Energie bei »Energieblockierungen« wieder zum Fließen. Insgesamt wird Geistiges Heilen auch zu den energetischen Heilweisen gerechnet, wobei mir scheint, dass dieser Begriff naturwissenschaftlich nicht bis ins Letzte belegt werden kann. Dennoch möchte ich nun bei einem Abriss über Stationen des Heilens in der europäischen Geschichte einige Meilensteine darstellen, die wir als wesentlich bei der Erforschung des menschlichen Energiefeldes ansehen können. In den spirituellen Traditionen der Menschheit, die sich zum Teil Tausende Jahre zurückverfolgen lassen, finden sich Aussagen, die mit den Beobachtungen der Wissenschaft in neuester Zeit übereinstimmen – obwohl die Mystiker weder über Energiefelder philosophiert haben noch über das Bioplasma oder das holografische Bild des Universums. Alle Religionen sprechen von der Erfahrung, dass einzelne Menschen Licht um Kopf oder Körper von anderen Menschen sehen.

Die spirituelle Tradition Indiens – sie lässt sich mehr als 5000 Jahre zurückverfolgen – spricht von einer universellen Energie, die sie Prana nennt. Prana, der Atem des Lebens, gibt allen Formen Leben ein und durchströmt sie.

Die Chinesen sprechen seit dem 3. Jahrtausend v. Chr. von einer vitalen Energie und nennen diese Chi. Die gesamte Materie, belebt oder unbelebt, sei von dieser universalen Energie durchdrungen. Das Chi besteht aus zwei polaren Kräften, dem Yin und dem Yang. Sind sie im Gleichgewicht, dann ist das lebendige System, beispielsweise ein menschlicher Organismus, gesund. Sind sie im Ungleichgewicht, entsteht Krankheit. Übermäßiges Yang führt zu Überfunktionen, Hitze, Hautrötung, Zorn, starker Organaktivität und Energiestau; übermäßiges Yin bewirkt Leere, Müdigkeit, langsame Organfunktion, Apathie. Ziel der Akupunktur ist es, beides ins Gleichgewicht zu bringen.

Von der Kabbala, der mystischen Tradition des Judentums, deren Wurzeln bis ins Jahr 538 v. Chr. zurückzuverfolgen sind, wird diese Energie das »astrale Licht« genannt. Im Alten Testament gibt es zahlreiche Hinweise auf Lichterschei-

nungen an Menschen oder in der Natur, so die Feuersäule, die bei Dunkelheit vor dem Volk Israel herzieht, als es Ägypten auf der Suche nach dem verheißenen Gelobten Land verlässt, und in der sich Gott darstellt. Ebenso hat der brennende Dornbusch als Symbol der Anwesenheit Gottes Bedeutung. Viele esoterische Lehren, alte Texte des Hinduismus, die Theosophen, die Rosenkreuzer, indianische Medizinmänner, Tibeter, indische Buddhisten und japanische Zen-Buddhisten, die Anthroposophen und viele andere beschreiben detailliert Einzelheiten eines menschlichen Energiefeldes. Immer wieder gibt es in der Geschichte der westlichen Wissenschaft Forscher, die von einer universalen, die gesamte Natur durchdringenden Energie sprechen.
Der erste Hinweis auf diese vitale Energie findet sich bei den Pythagoräern, einer Philosophenrichtung im antiken Griechenland um 500 v. Chr. Nach ihrer Auffassung kann diese Energie, dieses »Licht«, im menschlichen Körper verschiedene Wirkungen hervorrufen, darunter auch die Heilung von Krankheiten.

Hier nun eine kurze Zusammenfassung der wichtigsten Entdeckungen auf dem Weg der Erforschung des menschlichen Energiefeldes.

12. Jahrhundert

Boirac und Liebeault stellen das Vorhandensein einer Energie fest, die auch über Entfernungen Wechselwirkungen zwischen zwei Menschen zulässt. So erwähnen sie auch die heilende oder auch krank machende Wirkung, die jemand durch seine bloße Gegenwart auf eine andere Person haben kann.

16. Jahrhundert

Der große Arzt und Philosoph Paracelsus (siehe oben) nannte diese Energie Illiaster. Nach seiner Ansicht besteht sie aus vitaler Kraft und vitaler Materie.

19. Jahrhundert

Telmont und Mesmer beobachteten im 18. und zu Anfang des 19. Jahrhunderts Eigenschaften des Phänomens universaler Energie. Sie schrieben von der Aufladung belebter und unbelebter Körper mit diesem »Fluidum«. Mesmers Forschungen begründeten den Mesmerismus, die Lehre vom animalen Magnetismus, der auf einem Seitengleis zur Hypnose führte. Telmont, Mathematiker und Arzt, sprach von einer universalen Flüssigkeit, welche die gesamte Natur durchwirke. Es sei nicht körperliche oder kondensierbare Materie, sondern reiner vitaler Geist, der alle Körper durchdringe. Leibniz, Philosoph und Mathematiker, sagte: »Das Universum besteht aus Kraftzentren, die in sich selbst die Quelle ihrer Bewegung tragen.«

20. Jahrhundert

Killner berichtete 1911, er habe einen wechselhaften Lichtschimmer mit einer dreischichtigen Struktur um den Körper des Menschen gesehen: auf der Haut dunkel und knapp 1 cm dick, darüber eine dunstige Schicht, senkrecht vom Körper abstrahlend, mit einer Breite von 2,5 cm und schließlich ein zartes Leuchten ohne klare Umrisse von etwa 15 cm Breite. Dieses Lichtphänomen nannte er Aura.
In den 50er-Jahren entwickelten Dr. George de la Warr und

Ruth Drown neue Instrumente, um die Energieabstrahlung von lebendigem Gewebe messen zu können. Dr. de la Warr erfand »Radionics«, ein Ferndiagnose- und Fernheilsystem, das mit dem biologischen Energiefeld des Menschen arbeitet. Dr. Wilhelm Reich, ein Kollege von Sigmund Freud, erforschte eine universale Energie, die er Orgon nannte. Er untersuchte den Zusammenhang zwischen Störungen des Orgonstromes im menschlichen Körper und physischen bzw. psychischen Krankheiten. Mit seiner psychotherapeutischen Methode gelang es ihm, Blockierungen des natürlichen Stromes der Orgonenergie im Körper aufzulösen und damit auch Blockierungen durch negative geistige und emotionale Zustände.

In den 60er-Jahren brachte Dr. Schafica Karagulla die von sensitiven Menschen gemachten visuellen Wahrnehmungen mit körperlichen Störungen in Zusammenhang. Dabei war das Starmedium Dianne in der Lage, Energiemuster von Kranken wahrzunehmen und die medizinischen Probleme genau zu beschreiben. Dianne stützte sich auf der ätherischen Ebene auf ein Energiefeld oder einen vitalen Energiekörper, der eine Matrix bildet, die den physischen Körper mit einem Lichtnetz durchzieht. Diese energetische Matrix stellt den Bauplan dar, wonach sich die physische Materie bildet und in dem sie verankert ist. Das Gewebe des Körpers existiert nur aufgrund dieses vitalen Feldes. Wenn wir das menschliche Energiefeld definieren als alle Felder oder Ausstrahlungen des Körpers, dann sieht man, dass wesentliche Bestandteile dieses Energiefeldes bereits im Labor gemessen werden konnten, und zwar die elektrostatischen, magnetischen, akustischen, thermischen und visuellen Komponenten des menschlichen Energiefeldes. Diese Komponenten stehen im Einklang mit den normalen physiologischen Prozessen des Körpers, gehen aber auch über diese hinaus und eröffnen den Zugang zum psychosomatischen Bereich. Untersuchungen zeigen auch, dass das menschliche Energiefeld aus Elementarteilchen besteht, die sich wie Luft- oder Wasserströme verhalten. Diese Teilchen sind extrem klein. Mit diesem Wissen ist das übliche Modell des Körpers als eine Einheit von Organsystemen unzureichend. Ein zusätzliches Modell ist nötig, das von einem alles organisierenden Energiefeld ausgeht. Das Modell eines elektromagnetischen Feldes erfüllt diesen Zweck nicht. Zum Beispiel sind Voraussehen oder Erinnerung (an frühere Leben) mit elektromagnetischen Feldern nicht zu erklären. Hierzu sagt Dr. Vallery Hunt: »Man kann den Körper aufgrund seiner atomaren Zellstruktur unter dem Quantenkonzept der Energie betrachten.« Und: »Das Konzept des Hologramms, wie es in der Physik und in der Gehirnforschung entwickelt wurde, scheint eine wahrhaft vereinheitlichende Sicht der Wirklichkeit zu liefern, die eine Neuinterpretation aller biologischen Erkenntnisse auf einer anderen Ebene notwendig macht.«

Und Merylin Fergusson schreibt im »Brainmind-Bulletin«: »Das ›holistische Modell‹ ist als neues Paradigma beschrieben worden, mit dem sich auch all die herrlichen wilden Seitenströme der Wissenschaft und des Geistes beschreiben lassen. Hier haben wir nun endlich eine Theorie, die Biologie und Physik in einem offenen System zur Einheit führen kann.«

Magdalena

Eine meiner Patientinnen, seit ich als Heiler arbeite, ist Magdalena. Sie ist 64 Jahre alt und eine außergewöhnlich liebe und sehr tapfere Frau. Vier Kinder hat sie in Tadschikistan geboren. 1976 ist sie mit ihrem Mann Josef und ihren Kindern nach Deutschland zurückgekehrt, in das Land ihrer Vorfahren. Sie hat in den letzten 30 Jahren mit Josef viel aufgebaut und alle vier Kinder sind, wie man sagt, »etwas geworden«. Die jüngste Tochter Magdalenas wurde zuerst Fotografin, dann Buchhändlerin, und jetzt ist sie Heilerin – die beste, die ich kenne.

Was ich neben manchen wunderbaren Eigenschaften an Magdalena schätze, ist die Klaglosigkeit, mit der sie ihr Gewicht durchs Leben trug. Klagen führten ihre Lendenwirbelsäule, die Kreuzdarmbeingelenke, in denen sich die statischen und dynamischen Kräfte von Rumpf und Becken treffen und verständigen müssen, es klagten ihre Hüftgelenke und ihre Schultern. Nachts kamen schlimme Kopfschmerzen hinzu. Josef litt mit, die Kinder und Enkelkinder bedauerten die Mutter, denn nichts schien sie von ihren Schmerzen heilen zu können, die herkömmliche Medizin hatte genauso versagt wie der Schmerztherapeut, den Magdalena aufgesucht hatte.

Bei ihrem ersten Besuch in meiner Praxis wurde Magdalena von ihrem Mann Josef begleitet. Von Magdalenas Tochter, meiner Heilerkollegin, hatte ich bereits einiges über Magdalena erfahren, was ich ihr aber nicht verriet. Ich stellte ein-

fach eine meiner üblichen Fragen: »Was plagt Sie? Weshalb sind Sie hier?«
»Ich habe von Ihnen gehört, Herr Doktor.«
»Aber deshalb sind Sie nicht hier! Meine Geschwister haben auch von mir gehört und sind trotzdem nicht hier.«
Magdalena schaute zuerst mich, danach Josef verblüfft an, dann lächelte sie ihr wunderschönes Lächeln. »Da haben Sie Recht!« Sofort wurde ihr Gesicht wieder ernst. »Ich habe furchtbare Schmerzen. Für meinen Mann ist es gar kein Leben mehr.«
»Und für Sie?«, fragte ich. »Wie ist das Leben für Sie?«
Es zuckte in Magdalenas Gesicht – als würde ein Gewitter heraufziehen. Dann rannen Tränen über ihre Wangen. Sie schluchzte nicht. Regte sich kaum. Nur die Tränen rannen lautlos über ihr Gesicht.
»Würden Sie auch ohne diese Schmerzen leben wollen?«, fragte ich Magdalena und fügte nachdenklich hinzu: »Manche Menschen brauchen Schmerzen, um sich ihren Mitmenschen mitteilen zu können.«
»Da kennen Sie mich schlecht, Herr Doktor!«, wehrte Magdalena ab. »Ich weiß, dass ich mit meiner Familie und meinen Freunden über alles reden kann. Nur mit den Schmerzen leben, das kann ich nicht mehr.«
Ich führte Magdalena zu der Behandlungsliege in meinem Sprechzimmer: »Ich weiß von einem, von dem habe ich bisher nur das Beste gehört und das Beste erfahren. Wenn er uns hilft, dann haben Sie bald keine Schmerzen mehr.«
Während ich einen Blick auf ihre Röntgenbilder warf und die Liste der Medikamente studierte, die Magdalena einnahm – diese Frau musste eine wahrhaft robuste Natur haben –, wartete sie ruhig und vertrauensvoll auf der Liege. Ich setzte mich neben Magdalena und bat sie: »Entspannen

Sie sich eine Stunde. Vielleicht möchten Sie die Augen schließen? Sie dürfen auch gerne einschlafen. Tun Sie, was Sie wollen. Darf ich zwischendurch ein Gebet sprechen?«

Mit geschlossenen Augen nickte sie heftig: »Ja.«

Ich hielt meine Hände über ihren Kopf und spürte sie warm werden; ich spürte ein leichtes Kribbeln in meiner rechten Innenhand und sagte leise: *»Des Lichtes Weben gehe im Lotus ein.«*

Magdalena atmete tief ein und aus. Sie schlief bereits. Ich kreuzte meine Hände über ihrem Herzchakra, bis ich auch hier den Fluss der heilenden Energie spürte.

»Ich hebe meine Augen auf zu dem Berge; von wo kommt mir Hilfe? Meine Hilfe kommt vom Herrn, der Himmel und Erde erschaffen hat. Er lässt deinen Fuß nicht wanken; er, der dich behütet, schläft nicht.«

Magdalena bewegte die Augen hinter den geschlossenen Lidern. Sie atmete jetzt schneller.

»Der Herr gibt dir Schatten, er steht dir zur Seite.

Bei Tag wird dir die Sonne nicht schaden noch der Mond in der Nacht.

Der Herr behüte dich vor allem Bösen, er behüte dein Leben.«

(Dies sind Verse aus dem Psalm 121.)

Magdalena lag ruhig da, tief schlafend; die Falten in ihrem Gesicht erschienen zarter und entspannter als noch vor einer halben Stunde, wo sie sich grob in ihre Haut eingegraben hatten. Während ich mit etwas Abstand mit meinen Händen über Magdalenas Körper tastete und glitt, war mein Bewusstsein woanders. Ich sah weißes Licht, sah, wie ich Magdalena dem Licht entgegenführte. Ich wusste, es war das Licht der göttlichen, erlösenden, umfassenden Liebe. Ich wusste, dass meine Arbeit mit Magdalena für heute getan

war. Ich konnte nicht mehr tun; ich hatte alles dem an die Hand gegeben, »von dem ich nur das Beste gehört und von dem ich das Beste erfahren hatte«.
Nach einer Viertelstunde sprach ich halblaut ein modernes Gebet des evangelischen Theologen Jörg Zink. Dort heißt es am Schluss:

»Der Herr wende dir sein Angesicht zu.
Er sehe dein Leid und höre deine Stimme.
Er heile und tröste dich
und gebe dir Frieden,
das Wohl des Leibes und das Wohl der Seele, Liebe und Glück.
Amen.
So will es der Herr, der von Ewigkeit zu Ewigkeit bleibt.
So steht es fest nach seinem Willen für dich.«

Magdalena öffnete die Augen. Erst schaute sie verwundert vor sich hin, dann zu mir. Ein großes Lächeln strahlte aus ihrer Stimme: »Es war wunderbar! Ich habe so vieles gesehen! Ich wusste so vieles noch gar nicht ...«
»Was wussten Sie nicht?«, fragte ich vorsichtig zurück.
»Na ja, jedenfalls nicht, dass ich so aufgehoben bin, egal, womit. Auch mit meinen Schmerzen.«
Sie richtete sich auf, für ihre Verhältnisse sogar in rasanter Geschwindigkeit, und stellte dann ein bisschen verwundert fest: »Ich wusste gar nicht mehr, wie sich das anfühlt, wenn man sich aus dem Liegen aufrichtet. Einfach so.«
Magdalena kam noch einige Male, mit jeweils zwei Wochen Abstand. Beim vierten Mal berichtete sie stolz, sie habe ihre Schmerzmittel wesentlich reduzieren können. Man sah ihr

an, dass es ihr deutlich besser ging. Bei jedem Besuch untersuchte ich sie gründlich, damit wir keine eventuelle ungünstige Entwicklung ihres Gesamtstatus übersahen.
Als ich Magdalena eine Woche vor Weihnachten traf, reichte sie mir die Hand und lächelte mich an, fast ein wenig schuldbewusst: »Ich hab was gemacht, Herr Doktor.«
»Ja?«, fragte ich neugierig.
»Ich war bei meinem Schmerztherapeuten.«
»War's schön?«, fragte ich.
»Ich strahlte schon, als ich in sein Sprechzimmer kam. ›Oh, uns geht es aber gut heute‹, sagte der Arzt. Und ich: ›Ja, mir geht's gut, das erste Mal seit zwei Jahren.‹
›Hab ich Ihnen nicht gesagt, es wird besser? Wie gut, dass Sie die Tabletten weiter genommen haben.‹
›Ich hab aber die Tabletten nicht weiter genommen. Die Schmerzen waren zwar zeitweise etwas betäubt, aber ich konnte kaum noch klar denken.‹
›Und dann?‹
›Ich war beim Heiler.‹
›Das ist doch Unsinn! Die ziehen einem doch bloß das Geld aus der Tasche. Wie viel haben Sie für diesen Humbug gelöhnt?‹
›Nicht einen Pfennig, Herr Doktor. Nicht einen einzigen Pfennig.‹
›Na ja, dann kann ich ja wohl nichts mehr für Sie tun ...‹
›Das sehe ich auch so, Herr Doktor.‹«
Magdalena lachte, erst leise, dann lauter und sie hörte gar nicht mehr auf zu lachen. Einen klitzekleinen Augenblick dachte ich an meine Standespflichten. Und dann lachte ich einfach mit.

Erscheinungsformen Geistigen Heilens

Im Folgenden möchte ich einige Arten alternativen, geistigen, energetischen und spirituellen Heilens vorstellen. Es gibt unzählige mehr. Ich habe mich auf jene beschränkt, die derzeit am intensivsten im Gespräch sind und nach denen mich meine Patienten am häufigsten fragen.

Handauflegen

Die ältesten Hinweise darauf, dass Menschen durch Handauflegen heilten, reichen bis in die Steinzeit. In den Pyrenäen wurden Höhlenmalereien gefunden, die darauf schließen lassen, dass Menschen schon vor 15000 Jahren die Heilmethode des Handauflegens ausübten. Priesterärzte im alten Ägypten arbeiteten mit dieser Methode; ein entsprechendes Dokument findet sich aus der Zeit um 1550 v. Chr.
Im Fernen Osten und in der griechischen Antike sowie im Judentum des Alten Testamentes finden sich ebenfalls Hinweise auf Heilen durch Handauflegen. Von Jesus von Nazareth ist häufig in diesem Sinne die Rede, möglicherweise war er der größte Heiler aller Zeiten und wurde, weil man damals – wie oft auch heute – seine Art zu heilen nicht verstand, als »Wunderheiler« bezeichnet. Bis ins achte nach-

christliche Jahrhundert hinein finden sich Hinweise, dass auch in christlichen Kirchen mit Handauflegen geheilt wurde. Als körperliches Heil nach Meinung der christlichen Kirche zweitrangig wurde, hörte auch die Anwendung des Handauflegens mehr und mehr auf. Es wurde nun wichtiger, Krankheit wie eine Prüfung oder auch Strafe aufzufassen, als sich heilend gegen Krankheiten zur Wehr zu setzen. Dennoch erschienen im Laufe der Kirchengeschichte immer wieder einzelne Heilige, die mit der Gabe des Heilens gesegnet waren. Darunter zählten im 12. Jahrhundert die Ordensgründer Franz von Assisi und Bernhard von Clairvaux, im 14. Jahrhundert Katharina von Siena und im 16. Jahrhundert Franz Xaver, einer der Weggefährten des hl. Ignatius von Loyola. Doch wie auch heute, so verfolgten die Kirchenoberen das Wirken dieser Heiligen häufig mit Besorgnis, Misstrauen, Gleichgültigkeit oder offener Gegenwehr.
Kirchenfreundliche weltliche Herrscher, die die Gabe des Heilens besaßen, wurden als »im Bunde mit Gott« stehend betrachtet. Der römische Kaiser Hadrian, so wird überliefert, soll im 2. Jahrhundert Untertanen von der Wassersucht befreit haben. Kaiser Vespasian konnte Nervenkranke und Blinde kurieren. Robert der Fromme in Frankreich und Eduard der Bekenner in England begannen im 11. Jahrhundert zu heilen, indem sie den Kranken eine Hand auf Kopf oder Nacken legten und mit der anderen Hand ein Kreuzzeichen über ihnen zeichneten. Im 17. Jahrhundert machte Englands König Karl II. heilend von sich reden. Innerhalb von 19 Jahren segnete und berührte er 90 000 Kranke und hängte ihnen zum Abschied stets eine Goldmünze um den Hals.
Abgesehen von diesen wenigen Beispielen waren heilende Hände vom Mittelalter bis weit ins 19. Jahrhundert hinein

eher als Hexerei verschrien. Über ein Jahrtausend lang wurden Heiler im christlichen Abendland verfolgt und schwebten in Lebensgefahr, indem sie ihre Berufung erfüllten. Viele, denen es nicht gelang, ihre Fähigkeiten und heilenden Gaben zu verstecken, wurden Opfer der Inquisition.

Die abendländische Medizin hat hin und wieder auch Heiler hervorgebracht, die sich nicht an irgendwelche religiösen Bindungen bei ihrer heilenden Tätigkeit hielten. Einer der ersten war, wie bereits erwähnt, Hippokrates. Aus eigener therapeutischer Erfahrung trat er für das Handauflegen ein. Im 18. Jahrhundert tauchte erneut ein Arzt, Franz Anton Mesmer, mit einer speziellen Form des Handauflegens auf. Ihm schien dies nicht religiös, sondern wissenschaftlich begründet. Zu seiner Zeit waren viele Handaufleger dazu übergegangen, die Wirkung des angeblich heilenden »Bestreichens« von erkrankten Gliedmaßen zu unterstützen, indem sie dabei einen Magneten in der Hand hielten. Mesmer war überzeugt davon, dass dabei eine unsichtbare Kraft übertragen wurde und entwickelte daraus eine eigene Heilmethode, das »Magnetisieren«.

Häufig lehnen Heilmagnetiseure die Bezeichnung »Geistheiler« strikt ab, da nach ihrer Überzeugung ihre Tätigkeit des Magnetisierens auf einer Energieform beruht, die sich naturwissenschaftlich beweisen lässt.

Handauflegende Heiler in christlicher Tradition berufen sich dagegen meist auf Gott als überirdische Kraftquelle. Diese christlichen Geistheiler sehen sich als »Personal«, das sozusagen einen göttlichen Energiestrom aus einer höheren Dimension »verwaltet«. Die neueste Entwicklung auf dem Gebiet der modernen Physik bringt dieses Unterscheidungsmerkmal zwischen beiden Gruppen erfreulicherweise ins Wanken.

Therapeutic Touch (Heilende Berührung)

1971 hörte die amerikanische Krankenschwester Dolores Krieger von Versuchen, die der ungarische Heiler Oskar Estebany an Pflanzen durchgeführt hatte. Es war ihm dabei gelungen, die Chlorophyllproduktion von Pflanzen erheblich zu erhöhen. Dolores Krieger nahm daraufhin Kontakt mit Estebany auf und veranlasste ihn zu Versuchen an Menschen mit dem Ziel, den Hämoglobingehalt des Blutes durch jeweils 15-minütiges Handauflegen zu erhöhen. Hämoglobin ist der rote Blutfarbstoff des Menschen und dafür verantwortlich, wie viel Sauerstoff das Blut transportieren und damit dem Organismus zur Verfügung stellen kann.
Von 183 Testpersonen bildeten 75 eine unbehandelte Kontrollgruppe, bei den 108 anderen konnte der Heiler den Hämoglobinspiegel im Blut deutlich erhöhen.

Dolores Krieger unterwies nun 30 Krankenschwestern im Handauflegen und auch diese waren erfolgreich. Sie gründete mit einer bekannten Heilerin eine Schule, die »School of Therapeutic Touch« (= Schule der Heilenden Berührung) und stellte die Grundlagen ihres Diagnose- und Behandlungssystems 1997 in einem ebenso genannten Buch der Öffentlichkeit vor.
Inzwischen sind in dieser Methode der Energieübertragung weit mehr als 30 000 Krankenschwestern unterwiesen worden. Die Methode breitete sich weltweit aus. Viele Forschungsarbeiten belegen heute eindeutig die Erfolge von Therapeutic Touch, zur Heilung der Patienten beizutragen.
Dolores Krieger resümierte: »Im Zeitalter der Wissenschaft, in dem man sich für alles Mechanistische und Synthetische

(und damit oft genug für Unmenschliches) begeistert, hat man die therapeutische Kraft der Hände schon fast vergessen.«

Qi Gong

Der Begriff Qi (oder Chi) ist seit etwa 5000 Jahren in der Traditionellen Chinesischen Medizin (TCM) bekannt. Man versteht darunter eine unsichtbare Lebensenergie, die aber nicht wie der »Geist« im philosophischen Denken des Westens außerhalb der Natur steht, sondern die wie alle anderen Energien den Gesetzen der Natur unterworfen ist. Nach Auffassung der chinesischen Medizin legt diese unsichtbare Lebensenergie in Bruchteilen einer Sekunde beliebige Entfernungen zurück, ohne sich dabei abzuschwächen. Neben dem kosmischen Chi, welches das gesamte Universum durchdringt, wird auch alles Lebendige von einem individuellen Chi durchdrungen. Jeder Mensch, jedes Tier, jede Pflanze haben ihr spezielles Chi. Es durchströmt unsere Körper in einem Leitungssystem von Meridianen. Diese Meridiane spielen bei der Akupunktur eine wesentliche Rolle. Unsere Gesundheit hängt davon ab, dass diese Meridiane frei durchgängig sind, dass sie genügend Energie mit sich führen und diese Energie in ihnen gleichmäßig verteilt ist. Ist der Energiefluss gestört, hat sich Energie gestaut oder ist Energie im Defizit, so entsteht Unwohlsein oder Krankheit. Nach der ältesten chinesischen Naturphilosophie, dem Taoismus, ist das Chi eine Spannung, die zwischen den Polaritäten Yin und Yang liegt. Yin lässt sich dabei mit Kälte, mit

Ruhe, Dunkelheit und dem Inneren und auch mit der Füllungsphase des Herzens assoziieren, Yang wird als Symbol für Wärme, Aktivsein, das Äußere und die Kontraktionsphase des Herzens aufgefasst. Auch krankhafte Zustände lassen sich nach Yin oder Yang unterscheiden, zum Beispiel Apathie/Überaktivität oder chronischer/akuter Schmerz. Beim gesunden Menschen liegt ein Gleichgewicht beider Polaritäten vor, eine Vorstellung, die im europäischen Kulturkreis seit Hippokrates geläufig ist.
Die Traditionelle Chinesische Medizin (TCM) unterscheidet zwölf Funktionszusammenhänge, die anatomischen Organbegriffen zugeordnet sind. Diese werden in sechs Hohlorgane (Fu) mit Yang-Charakter und sechs Speicherorgane (Zang) mit Yin-Charakter unterteilt. Jeweils ein Hohl- und ein Speicherorgan bilden ein gemeinsames Paar, zum Beispiel Niere und Blase, das in einem engen funktionellen Zusammenhang steht. Neben dem anatomischen Organbezug haben die Organbegriffe aber auch eine psychosomatische Bedeutung (zum Beispiel Leber/Gallenblase für Wut, Herz für Erregung und Freude, aber auch für Niedergeschlagenheit). Sechs symmetrisch angeordnete Meridianpaare in relativer Nachbarschaft zur Körperoberfläche sind den korrespondierenden Organen und den damit verbundenen Funktionsbegriffen zugeordnet. Dabei wird unter Meridianen ein System von Verbindungslinien zwischen Akupunkturpunkten verstanden, die therapeutisch funktionell zusammenhängend verwendet werden.
Die TCM unterscheidet acht diagnostische Kriterien, die paarweise zusammengefasst werden: Yin-Yang, Innen-Außen, Leere-Fülle, Kälte-Hitze.
Qi Gong ist die Kunst, auf den Energiefluss des Chi bewusst einzuwirken. Dies geschieht mit yogaähnlichen Konzentra-

tions-, Atem-, Haltungs- und Bewegungsübungen, die dazu dienen, das Chi in den Körper zu leiten, Störungen im Chi-Fluss zu beseitigen und auf diese Weise Gesundheit und Wohlbefinden zu erhalten oder wieder aufzufrischen. In den 50er-Jahren des 20. Jahrhunderts erreichte Qi Gong in China breite Bevölkerungsschichten. Unter der Kulturrevolution wurde diese Blütezeit gewaltsam beendet, viele berühmte Qi-Gong-Meister wurden verfolgt und hingerichtet. Erst gegen Ende der 70er-Jahre begann sich die Bewegung erneut zu formieren.

Heute bestehen in China wieder über 200 offiziell anerkannte Qi-Gong-Schulen. Es gibt eine Reihe von populärwissenschaftlichen Zeitschriften über Qi Gong. Pro Jahr erscheinen Hunderte von Veröffentlichungen. Wissenschaftliche Untersuchungen über den Erfolg von Qi Gong sind an der Tagesordnung. Qi Gong wird Schätzungen nach von über 50 Millionen Menschen praktiziert.

Reiki

Die Ursprünge von Reiki sind nicht ganz geklärt. Es wird berichtet, dass am Ende des vorletzten Jahrhunderts der Arzt und Priester Dr. Mikao Usui dieses alte, intakte Energiesystem zur Aktivierung universaler Lebenskraft wiederentdeckt und an seinen Nachfolger Dr. Hyashi weiter vermittelt hat. Anderen Quellen zufolge war Dr. Mikao Usui ein japanischer Theologe, der von amerikanischen Missionaren bekehrt, überzeugter Christ und geweihter Priester wurde und in der zweiten Hälfte des 19. Jahrhunderts ein theologisches Seminar in Kyoto leitete. Eines Tages sei er von seinen Schülern darauf angesprochen worden, ob er ihnen zeigen könne, wie Christus nach den Aussagen der Bibel geheilt habe. Aus persönlicher Bestürzung darüber, dass er diese Frage nicht beantworten konnte, soll er noch am selben Tag sein Lehramt niedergelegt und sich nur noch darum bemüht haben, das Geheimnis des Geistigen Heilens zu enträtseln.

Eine Amerikanerin japanischen Ursprungs, Hawajo Takata, brachte das System der Ausübung von Reiki in den 30er-Jahren des 20. Jahrhunderts in den Westen, und zwar nach Hawaii. Ende der 70er-Jahre gab sie die ersten Seminare auf dem amerikanischen Festland.

1979 traf sie dort Dr. Barbara Ray, eine Universitätsdozentin für alte Sprachen und Kulturen, die sie zur Lehrerin ausbildete. Beide Frauen zusammen gründeten 1980 die »American Reiki Association«. Im Jahre 1988 wurde diese Vereinigung umbenannt in »The Radiance Technique Association International«.

Das Wort Reiki kommt aus dem Japanischen. »Rei« heißt so viel wie »universal« und »ganzheitlich«, »Ki« bezeichnet die allem Lebendigen innewohnende Lebensenergie, die bei den Chinesen – wir erinnern uns – Chi (oder Qi) genannt wird. Barbara Simonson schreibt in »Das authentische Reiki«: »Universale Energie hat verschiedene, ausschließlich positive Eigenschaften, ihr Vorrat ist unerschöpflich. Wenn wir mit universaler Energie arbeiten, sind wir an ein unendlich großes Reservoir kosmischer Energie angeschlossen; wir arbeiten nicht mit persönlicher Energie auf der körperlichen, emotionalen oder mentalen Ebene, sondern mit überpersönlicher Energie. Wenn wir jemand anderen mit dieser Energie behandeln, können wir uns nicht verausgaben oder erschöpfen. Im Gegenteil: Wir aktivieren und harmonisieren uns selbst mit universaler Energie.«

In Deutschland praktizieren mindestens 100 000 Menschen diese fernöstliche Heilweise.

Nach Dr. Harald Wiesendanger unterscheidet sich Reiki von anderen energetischen Heilmethoden, vor allem vom Handauflegen westlicher Geistheiler, hauptsächlich durch ein hohes Maß an Verschulung. »Einstimmungen« oder »Einweihungen« führen Anwärter in mehreren aufeinander aufbauenden Lernstufen vom ersten bis hinauf zum dritten Grad. Dabei werden sie mit Symbolen und Mantren vertraut gemacht, die der Gründer oder Wiederentdecker des Reiki einst in Visionen erkannte. Normalerweise werden diese Symbole nicht von Reiki-Anwendern an andere Menschen weitergegeben. Um in Kenntnis dieser Einzelheiten zu kommen, muss ein Kurssystem bei ermächtigten Reiki-Lehrern absolviert werden, das bis zum »Meister«-Titel über 10 000 Euro kosten kann. Leider bestätigt die Entwicklung auch hier, was man generell über die Entwicklung der Heilerszene in den letzten zehn Jahren in Deutschland sagen kann: Mit der Inflation von »Eingeweihten« oder von »Trägern von speziellen Graduierungen« ging ein starker Qualitätsverfall in Ausbildung, Therapie und weltanschaulichem Hintergrund einher. Gerade bei Reiki-Therapeuten wird vielfach beobachtet, dass sie sich von dem Begriff der »Geistheilung« abgrenzen. An wissenschaftlich vertretbarer Substanz ist bei diesen Abgrenzungsmanövern wenig zu entdecken.

Chakra-Therapie

Das Wort Chakra stammt aus dem Sanskrit und bedeutet »Rad«. Es bezieht sich auf die vielen Energiewirbel, die die Aura und den physischen Körper durchdringen. Es gibt sieben Haupt-, 21 Neben- und zahlreiche weniger bedeutende Chakren. Von den kleineren werden beim Heilen hauptsächlich die Energiezentren der Handflächen und Fußsohlen benutzt.

Ist der Mensch gesund, drehen sich die Chakren im Uhrzeigersinn, ziehen Energie aus dem universellen Energiefeld und beleben unser gesamtes Sein.
Jedes der sieben Hauptchakren steht in Verbindung mit einer der sieben Auraschichten. Obwohl theoretisch jede Schicht unseres feinstofflichen Körpers die Farbe des dazugehörigen Chakras annimmt, trifft dies in Wirklichkeit nur selten zu. Häufig erscheint die Aura nur einfarbig, oft gelb. Im Allgemeinen weist sie verdichtete Farbbereiche auf, in denen die einzelnen Schichten miteinander verschmolzen zu sein scheinen. Manchmal werden diese durch andere Elemente, wie alte Emotions- oder Gedankenformen, verdunkelt. Ungelöste Emotionen, wie nicht zum Ausdruck gebrachter Ärger, verbleiben oft jahrelang in der Aura. Gesundheit unter dem Aspekt des energetischen Gleichgewichtes setzt voraus, dass die Chakren ungehindert von ein- und ausfließender Energie durchströmt werden. Sind sie blockiert, so wird der harmonische Energiefluss gestört. Halten diese Störungen länger an, entsteht Krankheit. Das Wort »Chakra-Therapie« ist ein Sammelbegriff für eine Vielzahl von Maßnahmen, solchen Blockaden vorzubeugen

oder sie zu beseitigen. Man versucht, die jeweiligen Chakren zu beeinflussen, wozu viele Heiler die Hände auflegen. Andere leiten ihre Klienten zu Imaginationsübungen an, bei denen sie ihre Chakren erspüren und durch geeignete Vorstellungsbilder beeinflussen. Zu diesen Therapeutinnen gehört Dr. Brenda Davies, eine englische Psychotherapeutin und Heilerin, die aus dem ärztlichen Beruf kommt. In persönlichen Kursen, an denen ich bei ihr teilgenommen habe, konnte ich mich von der positiven Wirkungsweise ihrer Chakra-Therapie unter Einbeziehung ihrer Kursteilnehmer beziehungsweise Patienten überzeugen.

In Deutschland ist die Chakra-Therapie häufig zu einer bloßen Technik verkümmert, eine übersinnliche Strahlentherapie für unsichtbare Kraftzentren durchzuführen. Sie wird dadurch aus dem Kontext eines komplexen Medizinsystems herausgelöst, in welchem sie wurzelt, nämlich dem Ayurveda (Wissenschaft vom Leben). Der Ayurveda ist niedergelegt in den Veden, in altindischen Schriften, in denen vor mehr als 2500 Jahren das gesammelte Wissen der Zeit aufgezeichnet wurde. Jahrtausende vor der psychosomatischen Medizin des Westens definierte der Ayurveda Gesundheit bereits als Harmonie von Körper, Seele und Geist. Auf ayurvedischen Heiltraditionen beruht noch heute ein Großteil der medizinischen Versorgung Indiens.

Fernheilungen

Es gibt wenige Begriffe, über die eine solche Menge Gerüchte kursieren, wie die »sagenumwobenen« Fernheilungen. Eine Richtigstellung dieser Sagen und Märchen liegt mir am Herzen. Mit zunehmendem Verständnis für die physikalische Funktionsweise von Heilung verliert die Vorstellung einer »Fern«-Heilung an Realitätsbezug ...

Herr Breuer, ein Psychologe aus Norddeutschland, hatte eine Menge hinter sich, nämlich eine länger andauernde konventionelle Behandlung seiner metastasierenden Tumorerkrankung. Er war also dementsprechend geschwächt und nun auch noch ratlos – denn eigentlich sollte er mal wieder nach Hause. Er hatte sich für eine Zeit lang in der Nähe meiner Praxis in einem kleinen Hotel einquartiert, doch jetzt drängte es ihn zu seiner Familie. Gleichzeitig wollte er die spirituell-energetische Behandlung, zu der er mich fünfmal in der Woche aufsuchte, fortführen, denn sie tat ihm sehr gut. Was tun? Sein Wohnort lag mehr als 450 km von meiner Praxis in Bonn-Meckenheim entfernt. Verschiedene Möglichkeiten wurden entworfen – in größeren Abständen zu mir kommen, einen Heiler in Hamburg aufsuchen – und wurden gleich wieder verworfen, bis Herr Breuer mich direkt fragte, was ich von Fernheilungen hielte und ob ich »so etwas« durchführen würde.

Wie ich eingangs schon andeutete, hat es mit dem Wort Fernheilung so einiges auf sich. Wenn wir davon ausgehen, dass die Heilung durch Wellen geschieht, die als Informationsträger dienen, dann können wir auch davon ausgehen,

dass diese Wellen unendlich sind und dass es den Wellen egal ist, ob sich der Patient einen Meter, 100 Meter oder 100 Kilometer entfernt befindet. Die heilende Kraft der Welle erreicht ihn. Immer.
Beim spirituell-energetischen Heilen stützen wir uns auf zwei Bereiche: Da ist einmal die Spiritualität, die es uns möglich macht, uns auf unser tiefstes Menschsein zu besinnen. Dadurch wird Heilung ganzheitlich und blockiert sich nicht mehr selbst mit der bloßen Behandlung von Symptomen. Zum zweiten haben wir die Strukturen aus den entsprechenden Bereichen der Quantenphysik, also Wellen, die ungeheuer energiereich sind und die uns beim Heilen als Informationsträger dienen. Diese Wellen sind nicht an Raum und Zeit gebunden. Wie also könnte es dann eine Rolle spielen, ob unser Patient vor uns auf der Liege in der Praxis in Bonn-Meckenheim oder ganz weit von uns entfernt in einem Bett in Bombay liegt?
Mein damaliger Patient Herr Breuer war einer Meinung mit mir und erklärte mir, aus seiner Sicht als Psychologe, die Zusammenhänge, die für ihn klar auf der Hand lagen. Wer kennt dieses Phänomen nicht: Man denkt an einen lieben Menschen – und schon klingelt das Telefon und er ist dran. Fragt sich nur, wer hat hier gesendet und wer hat empfangen? Es gibt im Leben mehr Wahrheiten als jene, die wir mit unseren bloßen Augen sehen können. Der Mensch verfügt über mehr Sinnesorgane, als er ahnt. Leider glauben das viele Menschen nicht und beschränken sich selbst, indem sie sich nur jene Fähigkeiten zutrauen, die landläufig als »normal« gelten.

Unvergessen ist mir in diesem Zusammenhang eine Geschichte aus der Welt der Psychiatrie, die ich an dieser Stelle mit großem Vergnügen weitergebe:

Im Wartezimmer einer psychiatrischen Praxis sitzt ein Patient. Als er an der Reihe ist, wird er ins Sprechzimmer gebeten und erklärt seinem Psychiater, er habe zu Hause eine Kuh, die sprechen könne. Der Psychiater nimmt diese Mitteilung ohne Anzeichen von Erstaunen zur Kenntnis, erklärt dem Patienten allerdings, dass er ihm die Sache mit der Kuh erst glaube, wenn er sich selbst davon überzeugt habe. Arzt und Patient vereinbaren einen Besuchstermin. Zwei Tage danach findet sich der Psychiater im Hause seines Patienten ein. Der Patient führt ihn ins Wohnzimmer, bietet Kaffee an und beginnt ein oberflächliches Gespräch. Dann entschuldigt er sich für einen Augenblick, er wolle nun die Kuh hereinholen. Nach wenigen Minuten erscheint er mit der Kuh, die im Wohnzimmer stehen bleibt, den Psychiater freundlich begrüßt und sagt, sie habe in diesem Hause die Planstelle der Kuh. Man plaudert über dies und jenes, und nach fünf Minuten verabschiedet sich die Kuh, sie wolle nicht unhöflich sein, aber sie habe noch im Stall zu tun.
Als die Kuh das Wohnzimmer verlassen hat, schaut der Patient seinen Psychiater erwartungsvoll an. »Glauben Sie mir jetzt?«
»Dass Sie eine einzelne sprechende Kuh haben«, antwortet der Psychiater, »das will ich ja noch glauben. Aber dass Kühe sprechen können, das glaube ich erst, wenn Sie mir zehn sprechende Kühe zeigen.«

So viel zur Lage der Dinge. Um das zu glauben, was er sah, genügte dem Psychiater nicht eine Kuh, er wollte mindestens zehn solcher Kühe vorgeführt bekommen. Manchen Menschen genügt es nicht, wenn ein Mensch, an den sie gerade dachten, anruft, sie glauben, es müssten Dutzende anrufen, um zu beweisen ... dass es das gibt. Was gibt? Und ist das nicht eine ziemliche Zeitverschwendung, der sprechenden Kuh zu beweisen, dass es sie eigentlich gar nicht geben kann, anstatt sich an ihr zu erfreuen? Immerhin räumt sie den Stall auf! Wenn wir selbst uns von den Wellen der Heilung berühren lassen, anstatt uns mit Gedanken zu verhärten, ob das wohl funktioniert, dann werden wir das Leben als reicher und schöner empfinden lernen.

Eine der bekanntesten und berühmtesten Heilerinnen, die die Welt heute kennt, ist Barbara N. Brennan. Nach Beendigung ihres Studiums der Physik war sie wissenschaftliche Mitarbeiterin der NASA am Goddard Space Flight Center. Heute ist sie Heilerin, Psychotherapeutin und Lehrerin für Geistiges Heilen und beschäftigt sich in ihrer über zwanzigjährigen Berufstätigkeit wesentlich mit der Erforschung von Energiefeldern ihrer Versuchspersonen und Patienten. Sie hat eine Ausbildung als bioenergetische Therapeutin an führenden amerikanischen Instituten absolviert und darüber hinaus bei indianischen und nichtindianischen amerikanischen Heilern gelernt. Sie leitet Seminare und Kurse zum Thema des menschlichen Energiefeldes, Heilen und Channeling. Außerdem ist sie Begründerin der »Barbara Brennan School Of Healing«, in der sie eine vierjährige Ausbildung in der Kunst des spirituellen Heilens anbietet. Barbara Brennan stellt klar und knapp fest: »Das menschliche Energiefeld existiert überall; Fernheilung ist nicht Fernheilung.«
Sicher, das so genannte Fernheilen unterscheidet sich vom üblichen Heilen, zum Beispiel fehlt der Ritus des Handauflegens, fehlt die körperliche Berührung zwischen Therapeut

und Patient, fehlt die Atmosphäre des Behandlungsraumes, aber diese Begleiterscheinungen machen aus dem, was Fernheilung genannt wird, noch keine spezielle Form des Heilens.

Für mich ist der Begriff der Fernheilung nicht mit dem Begriff des spirituellen Wesens in Zusammenhang zu bringen. Ich glaube nicht, dass spirituelle Wesen in den Dimensionen von nah oder fern denken. Ich glaube, spirituelle Wesen haben einen vitalen Kontakt zur Unendlichkeit. Wenn sie heilen, dann heilen sie und halten sich nicht an irgendwelche Begrenzungen durch Kilometer oder Kontinente.

Ein Heiler erzählte einmal von einer Vision. Er sah von oben auf ein unendliches Meer, das nur schwach beleuchtet war und von Horizont zu Horizont reichte. In diesem unendlichen Meer nahm er in seiner Vision einzelne kleinere Inseln wahr und er wusste, das waren die Kontinente der Erde. In riesigen Höhen über diesem Meer erkannte er ein schwaches Leuchten, und dieses Leuchten sagte: Der Geist Gottes schwebt über den Wassern.
Dieser Satz ist vielen Menschen aus der Schöpfungsgeschichte bekannt. In diesem Augenblick wusste der Heiler, dass er zum Heilen berufen war und in wessen Vollmacht er heilte.

Mir selbst wird häufig die Frage gestellt: »Sind Sie nur Heiler oder machen Sie auch Fernheilung?« Ich weiß dann nie, was ich darauf sagen soll. Ich könnte sagen: »Fernheilung gibt es nicht. Ich kann aber an Sie denken und oft genug werden Sie es spüren.« Manchmal erwidert mein Gesprächspartner dann: »Eben, das meine ich ja. Sie machen also Fernheilung.«

Was soll ich da noch sagen? Verstehen Sie mein Dilemma? Man liest häufig, das Erstaunliche bei der Fernheilung sei, dass die Kraft der ausgesandten Energie über die Entfernung nicht abnehme. Kann das nicht tatsächlich daran liegen, dass für die hier aktivierten Phänomene die Entfernung keine Rolle spielt? Insofern wäre der Ausdruck Fernheilung irreführend.

Ich löse mein Dilemma übrigens folgendermaßen: Ich denke an Sie und schicke Ihnen gute stärkende und liebende Energien, egal ob Sie in meiner Praxis sind oder in Toronto. Ich glaube, Sie werden es spüren und es wird Ihnen helfen. Denn nicht nur ich bin ein spirituelles Wesen – auch Sie sind es. Wir alle sind in diesem Leben nicht Menschen, die hier sind, um eine spirituelle Erfahrung zu machen, sondern wir sind spirituelle Wesen, die eine menschliche Erfahrung machen!

Von Barbara Brennan gibt es eine wunderschöne Affirmation, mit der ich dieses Kapitel gerne beschließen möchte:

Ich gebe mich dem Willen Gottes hin.
Mein Herz und meine Seele schenke ich Gott.
Ich verdiene das Beste im Leben.
Ich bin eine Manifestation Gottes.

Die Reise beginnt mit Raphael

Spiritualität heißt Geistigkeit. Wie man ein ritterlicher Mensch sein kann, so kann man auch ein spiritueller Mensch sein. Oder man kann dazu werden ...

Es gab eine Nacht in meinem Leben, in meinen so genannten »besten Jahren«, da hätte ich mir das Leben genommen, wenn ich ein passendes Werkzeug dazu gehabt hätte. Ich litt an einer furchtbaren Krankheit, für die es nur eine statistische Überlebenschance von fünf Prozent gab. Fünf Prozent der Erkrankten überlebten laut Statistik bis maximal zwei Jahre nach Diagnosestellung.

Die Krankheit hatte mir vieles genommen. Ich wünschte mir nichts sehnlicher als ein schnelles Ende. Die Gebete, die mich bisher durch mein Leben begleitet hatten, gaben mir keinen Halt mehr. Das verstand ich am allerwenigsten. Ich fühlte mich allein, und um mich herum war alles dunkel. Ich weiß noch, wie ich versuchte, mich von meinem Bett zu erheben. Ein letztes Mal wollte ich aus dem Fenster in die Nacht schauen, die Sterne sehen, kühle klare Luft atmen. Wer weiß, wo du aufwachst?, ging es mir durch den Kopf. Dann fiel ich zurück in das Kissen. Ich war so schwach, dass ich nicht mal mein Bett verlassen konnte.

Auf einmal stand ein Wort in meinem Herzen. Keine Leuchtschrift am Horizont, kein helles Licht in meinem Krankenzimmer. Ich glaubte auch nicht, plötzlich fliegen zu können. Aber dieses Wort war in mir, und ich weiß noch heute, es war alles, was mich in diesen Sekunden voller Verzweiflung, voller Schmerz, voller Anklage, in diesen Sekunden grenzenloser Mutlosigkeit, in diesen Sekunden des Abschieds erfüllte. Das Wort hieß »Vater«. Ich hatte viel gebetet in meinem Leben. Ich hatte zu Gott gebetet. Ich hatte zu Christus gebetet, ich hatten den Heiligen Geist um Erleuchtung gebeten, aber außer dem für mich formelhaften »Vater unser« hatte ich nie ein Gebet mit dem Wort »Vater« begonnen. Und jetzt, in dieser dunkelsten Nacht meines Lebens, erlebte ich das Wort »Vater«. Es erfüllte mein Herz. Es wurde zum beherrschenden Bild in mir. Ich fühlte das Wort. Es wärmte mich von innen und außen zugleich, wärmte meine Haut, breitete sich als warme Woge in meinem Magen aus. »Vater«, hörte ich mich halblaut sagen und nach einer langen Pause: »Wo warst du?« Das in mir Gestalt gewordene Wort erwiderte: »Ich bin immer da. Wo warst *du?«*

In den folgenden Stunden in meinem Krankenzimmer fühlte ich endloses Aufgehobensein, Angekommen- und Angenommensein. In dieser Nacht wurde ich in die Spiritualität hineingeboren. Ich wusste, dass ich trotz meiner statistisch schlechten Chancen bald wieder gesund sein würde. Ich fühlte mich von einer Liebe getragen, die ich in den 42 Jahren, die mein Leben damals alt war, niemals gespürt hatte. In der Folgezeit begann ich, mein Leben neu zu ordnen. Immer war mir dabei bewusst: Gott hatte mich bei der Hand genommen und meinen Sturz ins Bodenlose aufgehalten. Ich verstand jetzt den wirklichen Sinn des Wortes »Loslassen«. Ich öffne meine Hände und lasse die vermeintlichen Haltegriffe meines Lebens los. Gott hält mich, wenn nichts mehr da ist, woran ich selbst mich festhalten kann. Diese Erfahrung macht nicht nur spirituell, sie macht auch demütig. Demut ist keine konfessionelle Marotte für Leute, die ihre Wirbelsäule nicht mehr aufrichten können. Demut ist für mich der Mut, der mich meine eigenen Zäune und Begrenzungen überwinden lässt und mich auf den Weg schickt zu meinen Mitmenschen.

Diese große Erfahrung, die ich in dieser Nacht machen durfte, vermittelte mir eine wesentliche und neue Einstellung zur Krankheit.

Nach Willigis Jäger ist das Schlimme an der Krankheit beim ersten Hinschauen ein Mangel an Sinn. Was ein Mensch unter Glück und unter Sinn versteht, muss nicht dasselbe sein. Glück ist oberflächlicher als Sinn. Glück bedeutet Gesundheit und ein langes Leben, wohl geratene Kinder, Erfüllung im Beruf, materielle Sicherheit, Zuwendung und Liebe zu erfahren. Sinnhaftigkeit geht tiefer, zuweilen sogar so tief, dass ein Mensch eine Antwort auf den Sinn seines Lebens findet. Die Heilswege sind unterschiedlich, aber wie sie auch sein mögen, sie führen durch Konfrontation, oft durch Not, Angst, Sterben und Tod. Das Leben zwischen Geburt und Tod ist unvollständig. Es ist angreifbar und gibt keine Zusicherung für etwas Bleibendes – bis auf unser Geborgensein in Gott. Dies ist im universalen Wertesystem in den höchsten Rängen angesiedelt, und so schenken uns Erfahrungen wie meine eben beschriebene »dunkle Nacht« gerade auch in der Krankheit Geborgenheit und Zuversicht.

Der Psychoanalytiker und Philosoph C. G. Jung war der Auffassung, der Mensch könne sich nur dann ganz entfalten, wenn er das Göttliche mit einbeziehe. Wir werden krank, wenn unsere physischen Grundbedürfnisse nicht erfüllt werden. Wir werden aber ebenso krank, wenn unsere spirituellen Grundbedürfnisse nicht erfüllt werden. Willigis Jäger bezeichnet es als Tragik, dass viele Menschen ihre spirituellen Grundbedürfnisse nicht spüren. Wer seine Grundbedürfnisse nicht stillt, wird krank. Deshalb ist es so wichtig, Menschen zu finden, die uns dabei helfen zu erkennen, woran unsere Seele wirklich leidet – was sich in der Folge in einem körperlichen Leiden niederschlagen kann. Wenn wir einen Arzt finden, der uns hilft, unseren wirklichen Hunger zu erkennen, oder einen Therapeuten oder einen spirituellen Heiler, dann brauchen wir auch noch die richtige Nahrung, um gesund zu werden oder um gesund zu bleiben. Ärzte und Therapeuten mögen uns zu uns selbst führen und uns für unseren Mangel die Augen öffnen. Als spiritueller Heiler darf ich auf den Patienten zugehen, Gott um seine Hilfe bitten, dem Menschen die Hände auflegen und mit meiner Meditation beginnen.

Und während ich später beim Handauflegen sage: *»Ich bringe dir die Liebe und die heilende Kraft unseres Herren Jesus Christus«*, weiß ich mich bevollmächtigt durch das Christuswort: »Heilt Kranke, erweckt Tote, macht Aussätzige rein, vertreibt böse Geister« (Mt 10,8).

Die Verbindung mit unsichtbaren Mächten ist in gleicher Weise gegeben, ob wir uns dem Gebet widmen, der Meditation oder dem Heilen. Die Fragestellung hat deshalb in erster Linie zu lauten: Von welchem Geiste ist ein Gläubiger oder ein Heiler geführt oder geleitet?

Ich möchte als Christ einerseits und als Arzt und Heiler andererseits kurz von meiner Initiation berichten, der Ermächtigung für meine Tätigkeit als ganzheitlich-spiritueller Heiler.

1994 besuchte ich eine alte Dame, die schon seit Jahren meine Patientin und seit einiger Zeit wegen ihrer Erkrankung bettlägerig war. Ich arbeitete damals noch ausschließlich als schulmedizinisch orientierter Orthopäde, war aber von dieser älteren, sehr treuen und recht kranken Patientin als Hausarzt sozusagen annektiert worden. Ich klingelte, die Hausdame und Pflegerin öffnete mir; ich ging ins obere Stockwerk, ins Schlafzimmer zu meiner Patientin. Sie begrüßte mich mit einem forschenden Blick ihrer dunkelblauen Augen und streckte mir dann die Hand entgegen. Mit der Bemerkung: »Herr Bittscheidt, heute haben wir etwas zu besprechen«, tastete sie mit ihrer Linken zum Nachttisch und nahm von dort eine Bronzeplakette, etwa 5 x 8 cm groß. »Diese Plakette hat mich durch die zweite Hälfte meines Lebens begleitet. Mein Ehemann war Major der Luftwaffe und fiel im Zweiten Weltkrieg in Russland. Nach dem Krieg schenkte mir einer seiner Kameraden diese Plakette. Sie zeigt den Erzengel Raphael und Tobias auf einer gemeinsamen Reise. Der Freund meines Mannes meinte, die beiden würden mich auf den Wegen, die vor mir lägen, beschützen. Nun habe ich mir überlegt, wem ich den Raphael einmal vermachen könne. Meine Kinder haben nicht so rechten Zugang dazu, weltanschaulich, wissen Sie, und plötzlich kam ich auf Sie.«

»Was wissen Sie von meiner Weltanschauung und meinen religiösen Vorstellungen oder Überzeugungen?«, fragte ich erstaunt.

»Ich weiß genug, um zu behaupten, dass Raphael bei Ihnen gut aufgehoben ist oder besser, Sie bei ihm«, sagte sie mit einer Bestimmtheit, die nur Menschen mit einer starken Persönlichkeit zum Ausdruck bringen oder alte weise Menschen, die ihr Leben zwar im Wesentlichen hinter sich haben, aber auch wissen, dass sie noch etwas Großes, Befreiendes vor sich haben.

Zufälligerweise war ich an diesem Abend mit meinem Jugendfreund Medard Kehl verabredet. Medard ist mein Haustheologe fürs Kleine, für Ratschläge, Auskünfte, eben für den theologischen Haus- und Schriftgebrauch, obwohl er selbst erfolgreich als international tätiger Autor theologischer Schriften wirkt. Ich konnte es kaum abwarten, Medard die Raphael-Plakette zu zeigen.

Medard sprach aus, was er sah. »Zwei Männer, einer hat große Flügel – ein Engel, und der andere Mann mit Wanderstab trägt geschnürte Sandalen, ein Hund springt an ihm hoch. Der Engel ist sein Reisebegleiter, richtig? Also kann es sich nur um den Engel Raphael handeln, den Engelfürst, Erzengel, zuständig in der Bibel für Reisebegleitung und Heilung – und der Mann an seiner Seite ist Tobias. Das kürzeste Buch des Alten Testamentes, das Buch Tobit, erzählt die Geschichte, wie Raphael sich Tobias als Begleiter für eine lange Reise anbietet. Nach der Rückkehr ins Haus des Vaters von Tobias heilt Raphael den Vater, Tobit, von seiner Augenkrankheit.«

»Hatte er nicht auch einen Bandscheibenvorfall?«, unterbrach der Orthopäde in mir.

Medard ließ sich nicht aus dem Konzept bringen. »Natürlich will Tobit wissen, wen er vor sich hat; er will ihm auch seinen Lohn für die weite und lange Reisebegleitung geben. Der Engel aber nimmt Vater und Sohn beiseite und sagt zu ihnen: ›Die Geheimnisse eines Königs muss man verschweigen, aber was Gott im Verborgenen tut, soll man öffentlich bekannt machen ... Damals, als du ohne Zögern von deinem Mahl aufstandest, um den Toten zu begraben, hat Gott mich zu dir gesandt, um dich auf die Probe zu stellen. Und ebenso hat er mich gesandt, um dich und Sara zu heilen. Ich bin Raphael, einer der sieben Engel, die vor Gottes Thron stehen und seiner strahlenden Herrlichkeit nahen dürfen.‹ Es folgen noch einige Abschiedsworte, dann zieht Raphael sich in den Himmel zurück.«

Ich war sprachlos. Medard, eigentlich Professor für Dogmatik, als Alttestamentler. Es ist schön, wenn einen alte Freunde überraschen!

Erst recht sprachlos war ich drei Jahre später im Zusammenhang mit Raphael, dem Erzengel, der mir inzwischen oft zur Seite gestanden hatte. Ich hatte in der Zeit um 1997 einige Träume im Rahmen tiefer Meditation. Einmal sah ich mich in einem Dom mit achteckigem Grundriss auf den Stufen zum Altarraum. Am Fuße der Stufen stand ein junger Mann in schlichtem, hellgrauem Umhang. Sein Haar war blond. Ich schaute ihn an. Alles an diesem jungen Mann drückte Ruhe und Bescheidenheit aus. Wir sprachen nicht miteinander. Trotzdem fand ein Gedankenaustausch statt, ähnlich wie die Lichtsprache in Science-Fiction-Filmen.

Ich »sagte« also zu diesem Mann, ohne auch nur einen Augenblick überlegen zu müssen: »Du bist sicher ein Abgesandter des Erzengels Raphael?«

»Nein«, erwiderte er, »ich *bin* Raphael.« Er wirkte sehr freundlich und sehr ernst.

»Wie kannst du hier sein«, fragte ich weiter, »wenn du doch vor dem Throne Gottes stehst?«

»Ich kann hier sein, *weil* ich vor dem Throne Gottes stehe.«

Er hielt einen dunkelblauen Umhang oder Mantel im Arm, den er mir von hinten über die Schultern legte. Der Mantel war vorne offen und fiel mir bis auf die Füße.

»Benutze ihn bei der Arbeit, die vor dir liegt!«

Plötzlich war der Engel nicht mehr da, und das Innere des Domes war in gleißendes weißes und weißblaues Licht getaucht.

Ich erkundigte mich noch am selben Tage nach der Bedeutung der Farbe Blau und erfuhr, dass Blau dazu dient, auf hoher Ebene zu heilen. Die Farbe Blau steht in der Rangfolge unmittelbar hinter dem weißen Licht, einem Symbol göttlicher Heilkraft.

Dass sich ein weiterer hoch prominenter Helfer in den Dienst meiner Heilerarbeit stellte, geschah unter fast dramatischen und absolut ungewöhnlichen Umständen.
Ein neuer Patient erwartete mich: ein etwa 35-jähriger Schwarzer aus Ghana; mit Vornamen hieß er Joshua. Er war mit einer Französin verheiratet und arbeitete als Software-Spezialist in Deutschland. Kaum hatten wir uns begrüßt, begann er schon zu erzählen: »Ich habe einen bösen Geist in mir, Doktor. Manchmal kommt er heraus und dann stinkt er furchtbar. Manchmal macht er nur Lärm in meinen Ohren oder er lacht ganz hell.«
»Wird er zu Ihnen geschickt?«
»Ja, es ist ein Voodoo-Zauber.«
»Wer schickt ihn?«
»Meine Familie in Ghana«, kam es wie aus der Pistole geschossen.
Dies war nicht der erste Fall von Besessenheit, den ich zu sehen bekam, aber ein Voodoo-Opfer hatte ich noch nie behandelt.
Joshua legte sich vertrauensvoll auf die Behandlungsliege und schloss die Augen. Natürlich roch ich nichts, keinen Dämon, keinen Schwefel. Ich begann mein Einleitungsgebet, während meine Hände Joshuas Kopf berührten und meine Heilerkollegin Teresa seine Sprunggelenke und Füße umfasste.
Plötzlich ein Geräusch wie ein Schnalzen mit der Zunge, das

ich als Kind so gern hörte, wenn ich neben meinem Onkel auf dem Kutschbock saß. Das Schnalzen wurde immer schneller. Joshua bog den Kopf in den Nacken. Sein ganzer Körper verkrampfte sich, seine Hände waren zu Fäusten geballt, seine Augen öffneten sich. Nur noch das Weiße war zu sehen.

»Im Namen des Jesus von Nazareth befehle ich dir, verlasse diesen Mann!«

Ein neues Geräusch. Ein Sirren wie in dünner Luft. Körperloses Sirren. Es wurde nicht lauter, aber schneidend, grell, so als zöge man einen Fingernagel an einer Schiefertafel entlang. Auf einmal ging das Sirren in ein nichtmenschliches Gelächter über. Joshua stöhnte; sein Stöhnen war überlagert von diesem schneidenden körperlosen Gelächter. Sein Kopf dehnte sich weit nach hinten, sein Oberkörper hob sich von der Liege. Er berührte die Liege jetzt nur noch mit seinem Hinterkopf und der Rückseite seiner Fersen. Teresa hielt mit schmerzhafter Miene die Augen geschlossen und bewegte lautlos die Lippen. Ihre Hände lagen gekreuzt über dem Herzchakra von Joshua.

Plötzlich sah ich die Szene von schräg oben, sah auch mich selbst dort stehen. Eine heiße Welle von leidenschaftlichem Zorn durchflutete mich, dann wurde ich ruhig bis in mein tiefstes Inneres, fühlte mich stark, rein und frei. Ich spürte mich in blaues Licht gehüllt, hörte keine Laute mehr – als befände ich mich außerhalb des Behandlungsraumes. Eine Weile sah ich nur dieses helle blaue Licht. Ich dachte in diesem Moment nicht daran, dass es in der Esoterik für die Energie des Erzengels Michael steht.

Joshua atmete nun tief und entspannt. Er lag völlig ruhig und locker da. Seine Züge wirkten weich und ruhig. Als er die Augen öffnete, waren auch die Unruhe und Gehetztheit

aus seinem Blick gewichen. Unendlich erleichtert blickten seine braunen Augen uns an. »Ich kann wieder freier atmen«, lächelte er. »Alles ist so leicht!«
Als wir Joshua verabschiedet hatten, lehnten wir uns erschöpft und glücklich an die Wand.

Behandeln oder Heilen – Der Mensch ist ein ganzheitliches Wesen

Mit einer E-Mail erkundigte sich die Schwester einer an Krebs erkrankten Patientin, ob ich helfen könne. Ihre Schwester war an einem bösartigen metastasierenden Dickdarmkarzinom erkrankt. Die Erkrankung, die Operation und die anschließende intensive Nachbehandlung, unter anderem mit mehreren Chemotherapie-Zyklen, hätten ihre Schwester völlig erschöpft, sodass sie kaum reisefähig sei.

Ich antwortete der Schwester, dass ich nichts versprechen könne, aber gerne mein Bestes versuchen wollte. Wegen der weiten Anfahrt (etwa 300 km) schlug ich vor, die Patientin möge sich zweimal zu einer Meditationssitzung im Sinne einer spirituell-energetischen Behandlung in meiner Praxis einfinden. Das Weitere könne man dann mit einer so genannten Fernheilung versuchen. Dieses Vorgehen möge sie bitte als absolute Ausnahme betrachten, da ich mit Fernheilungen ungern arbeiten würde und mich lieber darauf konzentriere, Patienten in meiner Praxis zu behandeln.

Kurz darauf erhielt ich einen Brief mit einem Foto der erkrankten Schwester: »Sehr geehrter Herr Dr. Bittscheidt, zunächst einmal vielen Dank, dass Sie so schnell auf meine Anfrage geantwortet und Ihre Hilfe angeboten haben. Ich habe daraufhin zwei Termine mit Ihrer Praxis vereinbart, die ich nun aber am Montag wieder absagen musste, da wir vorgestern erfahren haben, dass meine Schwester einen neuen bösartigen Tumor am Hals hat. Der Tumor ist 3 cm lang, 2,5 cm hoch und sitzt direkt an der Halsschlagader. Am Dienstag soll er operativ entfernt werden. Wie Sie sich sicher vorstellen können, sind wir alle völlig verzweifelt. In Ihrer Antwort schrieben Sie, dass Sie die Behandlung nach zwei Terminen vor Ort durch Fernbehandlung fortsetzen könnten. Ist es Ihnen unter diesen Umständen auch möglich, zumindest den Heilungsprozess nach der Operation durch Fernbehandlung zu unterstützen? Ich wäre Ihnen unendlich dankbar.«

Ich fragte nach dem genauen Termin der Operation. Nach einer Woche erreichte mich eine weitere E-Mail der Schwester.

> *»Lieber Herr Dr. Bittscheidt, hier eine kurze Rückmeldung bezüglich meiner Schwester. Die OP am Freitag ist besser gelaufen als erwartet und hat ›nur‹ ca. drei Stunden gedauert (keine Öffnung des Brustkorbes, keine Durchtrennung des Schlüsselbeines, keine Rekonstruktion der Gefäße) und nach zwei weiteren Tagen konnte meine Schwester die Intensivstation verlassen. Körperlich geht es ihr besser, als alle erwartet hatten. In zwei Tagen kommen die Ergebnisse der histologischen Untersuchung. Vielen, vielen, vielen Dank für Ihre Hilfe!!! Unsere gesamte Familie und viele Bekannte beten täglich in der Zeit zwischen 20.00 und 21.00 Uhr für meine Schwester.«*

Zunächst einmal möchte ich meiner Meinung Ausdruck geben, dass der Dank in erster Linie den tüchtigen Chirurgen gebührt, die den an schwieriger Stelle sitzenden Tumor operativ entfernt haben.

Sodann denke ich, dass es nicht zutreffend ist, wenn man

von »Fernheilung« spricht. Wie bereits erwähnt, bedienen wir uns beim Heilen über verschieden große Distanzen hinweg energetischer Wellen im Sinne der Quantenphysik mit einem hohen Potential an heilender Information. Wir wissen, dass für energiereiche Wellen Raum und Zeit kein Thema sind – ebenso wenig wie für spirituelle Gedanken, die als Grundkonzept Gottes »heilende Liebe« enthalten. Niemand wird ernsthaft der Meinung sein, dass Gottes heilende Liebe auf die Trägerphänomene von Raum und Zeit angewiesen ist.
Die positiven Wirkungen des Gebetes sind in der Literatur über Geistiges Heilen hinlänglich beschrieben. Hält man im Rahmen von Untersuchungen die Ergebnisse von mit Gebet behandelten gegen die nicht mit Gebeten behandelten Kontrollgruppen, so schneiden die Patienten mit Gebetsbegleitung ganz eindeutig besser ab. Meine Rolle bei dieser Tumorerkrankung lag darin, mich in die Gruppe der helfenden Beter einzugliedern. So einfach ist das.
Die Diagnose Krebs wie auch die Therapie bedeuten für die Patienten – und für ihre Umgebung – eine enorme seelische Belastung. In fast allen Fällen löst die Mitteilung der Diagnose eine psychische Krise aus. Insofern sind die liebevolle und gerne auch durch Gebete geäußerte Unterstützung und Begleitung durch Familie und Freunde besonders wichtig.
Reinhold Schwarz, Diplomsoziologe und Facharzt für psychotherapeutische Medizin schreibt, gerade wegen dieser besonders hohen Stresssituation dürfe Unkonventionelles in der Therapie nicht ausgespart bleiben:

»Wie die Radiotherapie wird auch die Chemotherapie von den Patienten oft als sehr belastend empfunden. Unerwünschte Nebenwirkungen [...] lassen sich nicht

immer vermeiden. Dass die Seele mitleidet, zeigt sich an unterschiedlich stark ausgeprägten Symptomen wie schwerer Müdigkeit und Abgeschlagenheit, Übelkeit, Depressivität, emotionaler Labilität und Schlaflosigkeit. Alternativmedizinischen Verfahren wenden sich viele Patienten vor allem im fortgeschrittenen Stadium ihrer Erkrankung zu; die spezifische Wirksamkeit dieser Maßnahmen wird von fachlicher Seite meist negativ beurteilt. Für die Krankheitsverarbeitung haben solche Aktivitäten jedoch eine wichtige Funktion; vor allem Krebspatienten, die immer wieder von Ängsten heimgesucht werden, entlastet die Vorstellung, aktiv etwas dazu beitragen zu können, das Befinden zu bessern und die Gesundung zu fördern. Angestrebt ist daher, dass auch unkonventionelle Behandlungsformen zwischen Onkologen und Patienten angesprochen werden können.«

Der Internist Linus Geisler schreibt in seinem Aufsatz »Der gute Arzt«, für viele Ärzte sei Krankheit lediglich ein Defektgeschehen, das es mit moderner Technik zu reparieren gelte. Dabei sei für den Heilerfolg das Gespräch mit dem Patienten mindestens ebenso wichtig. Er zitiert den Mitbegründer der neuzeitlichen Medizin, Christoph Wilhelm Hufeland, der vor 200 Jahren geschrieben hat:

»Es bedarf noch immer derselben Eigenschaften, um ein großer Arzt zu sein, wie zu Hippokrates' Zeiten.«

Und er fragt, ob das auch heute noch gelte angesichts einer Medizin, zu der auch Chemotherapie, Organtransplantationen und Gentechnik gehören. Dass ein guter Arzt auch fachlich kompetent sein sollte, sei selbstverständlich, keineswegs technikfeindlich, doch lasse er sich von der Technik nicht zur Sprachlosigkeit verführen, sondern bediene sich der medizinischen Wirklichkeit in einem vernünftigen, auf seinen Patienten individuell abgestimmten Rahmen. Linus Geisler betont die Notwendigkeit der persönlichen Zuwendung des Arztes zu dem leidenden Patienten. Und in einem Interview plädiert Prof. Porzsolt, Leiter des Instituts für klinische Ökonomie der Universität Ulm, für die absolut unerlässliche Aufgabe des Gespräches zwischen Arzt und Patient:

> *»Allein schon ein Plausch mit dem Arzt hat einen Wert. Dabei wird der Arzt zur Autorität in Sachen Heilung. Durch sein Auftreten und sein Interesse an den Beschwerden des Patienten aktiviert er dessen Selbstheilungskräfte. Entscheidend sind dafür drei Faktoren: die vertrauensvolle Zusammenarbeit; die Information des Patienten über die Krankheitsursache; die ›Vehikel‹, welche der Arzt einsetzt (Tabletten, Spritzen), verbunden mit den Erklärungen, wie sie wirken und wann mit einer Besserung der Beschwerden zu rechnen ist. In diesem Sinne ist es auch selbstverständlich, dass während der gesamten Behandlung einer Tumorerkrankung Onkologen und Patienten in einem engen Dialog bleiben.«*

Immer wieder sehen wir, dass Heiler durch Handauflegen und andere Formen Geistigen Heilens in der Lage sind, das Allgemeinbefinden sowie die aktuellen, oft objektivierbaren Befunde des betroffenen Patienten zu bessern. Geistiges Heilen führt über die Aktivierung der Selbstheilungskräfte – die in jedem Patienten schlummern, aber oft aus eigener Kraft nicht mehr motiviert werden können – zur Besserung und rascheren Genesung. Und immer wieder ist es hilfreich, wenn wir uns die Wirkungsweise Geistigen Heilens klarmachen. Früher galt die Trennung zwischen biophysikalischen und spirituellen Ursachen. Inzwischen wissen wir, dass beides hilft und dass sich Naturwissenschaft und Spiritualität in ihren Grenzbereichen berühren. Wir sehen deutlich, wie dringend die spirituell-energetische Medizin als Ergänzung etablierter Therapiemethoden mit schulmedizinischer Ausprägung gebraucht wird. Immer neue Untersuchungen beweisen zweifelsfrei die Bedeutung des ganzheitlichen Konzeptes, aus dem die spirituell-energetische Medizin nicht mehr weggedacht werden sollte, wenn man aufrichtig für die Gesundheit der Patienten eintritt.

An dieser Stelle stoßen wir auf einen weiteren Grenzbereich, nämlich den zwischen Behandeln und Heilen. Heilen klingt mehr nach ärztlicher Kunst als Behandeln.
Sollte ich eine Rangfolge aufstellen, so würde ich an das untere Ende das bloße Behandeln von körperlichen Symptomen stellen. Auch die Einbeziehung von psychosomatischen Aspekten in das Behandeln bedeutet noch nicht, dass wir in eine neue Dimension ganzheitlicher Medizin vorgestoßen wären. Auf unserer Stufenleiter sind wir jetzt vielmehr bei einer erweiterten Behandlungsweise in den Bereich der psychischen Schicht des Patienten gelangt.
Erst jetzt kommen wir auf die Ebene des energetischen und bio-informativen Diagnostizierens und Therapierens. Hier sprechen wir vom Heilen, das – wenn auch noch stark dem Patientenauftrag verpflichtet – niemals reine Auftragsmedizin im Sinne eines Gesundheitsservice ist, sondern einem inneren Heilauftrag unterliegt. Auf der einen Seite steht

hier ein Mensch, der in Not ist, auf der anderen Seite steht jemand, der ihm hilft oder zu helfen versucht. Wer in Not ist und Heilung erwartet, muss sich vertrauensvoll auf den einlassen können, der Heilung verspricht oder in Aussicht stellt. Voraussetzung von Heilung also ist es, vertrauen zu können beziehungsweise Vertrauen aufbauen zu können. Der Helfer muss zeigen, dass sein Hilfsangebot die Selbstbestimmung des Hilfesuchenden nicht verletzt und nicht aus egoistischen Motiven geschieht; denn letztendlich ist es die personale Hoffnung auf jemanden, der heilt, um derentwillen der Einzelne sich an ihn wendet.

Wollen wir Heilen definieren, so müssen wir beachten, dass Heilen auf drei Stufen arbeitet:

1. der physiologischen Stufe, die sich am ehesten mit Defektheilung beschreiben lässt;
2. der psychosozialen Stufe, wobei Heilung bedeutet, mit sich und seiner Umwelt (Beruf, Familie u. a.) auszukommen;
3. der metaphysischen Stufe, die beinhaltet, alle vitalen, psychischen und sozialen Fähigkeiten in ein Sinn-System zu integrieren.

Wir sehen, dass Heilung, so verstanden, die Möglichkeiten jeder einzelnen Ebene für sich übersteigt und damit mehr ist als die Gesamtheit der üblicherweise vorhandenen Elemente. Damit ist Heilung ganzheitlich. Heilung arbeitet daran, die verlorene Ganzheit des Patienten wiederherzustellen. Solange wir dies mit geistigen »Techniken« zu erreichen versuchen, mit Methoden, die auf quantenphysikalischen Erkenntnissen beruhen, die den Geist des Menschen und seine

»Geist«lichkeit, seine Spiritualität mit einbeziehen und entsprechende Phänomene bei uns selbst als Therapieinstrumente benutzen, können wir vom Heilen sprechen. Das ist die höchste Form des Heilens. Es ist nicht Serviceleistung, sondern ganzheitliche, vertrauensvolle Zuwendung zwischen Arzt und Patienten.

Demgegenüber heißt Behandeln, sieht man einmal von der ursprünglichen Bedeutung des Wortes ab, zu versuchen, das unbegrenzbare Bedürfnis des Patienten nach medizinischen Leistungen zu stillen. Einzelne Behandlungen werden schier endlos aneinandergereiht. So entsteht Kostensteigerung, aber keine Heilung. Zu glauben, ein Patient, den wir behandeln, sei auch schon geheilt, ist ein fataler Irrtum. Deshalb dürfen wir unseren Begriff von ganzheitlichen Behandlungen nicht aufgeben, denn hier sind wir im Bereich des Heilens. Wenn wir heilen, so ist die Ganzheitlichkeit darin enthalten. Dafür müssen wir den Anschluss an unser tiefstes Wesen suchen. Von dort kommen uns heilende und ordnende Kräfte zu; eine Energie, die hinter unserem Denken und Wollen liegt. Sokrates meint, dass man nicht nur die Symptome einer Krankheit heilen dürfe, sondern den ganzen Menschen. Zum ganzen Menschen gehören Psyche und Geist und jener Bereich unseres Menschseins, den wir Spiritualität nennen oder in der traditionellen Weise »Suche nach dem Göttlichen«. Nach Willigis Jäger gibt es kein größeres Heilmittel als unser tiefstes Wesen. Wir brauchen nur die verdeckten Schichten abzulösen, um seiner heilenden Kraft teilhaftig zu werden.

So führt uns Heilung über den Begriff der Ganzheitlichkeit zu unserem vollen Menschsein. Wir sind Menschen geworden, damit wir zu einer umfassenden Existenz reifen können. Verzichten wir darauf, selbst zu heilen oder anderen Menschen Heilung zu bringen, so gehen wir an dieser Aufgabe unseres Lebens vorbei. Vielleicht ist das der größte Fehler, den wir machen, wenn wir der Behandlung den Vorzug gegenüber der Heilung geben.

Öffentlichkeitsarbeit – Menschen für »Wunder« öffnen

Auf einem Fachkongress für die Chirotherapie der oberen Halswirbelsäule traf ich meinen alten Freund und Kollegen Hans. Vor vielen Jahren waren wir an derselben Klinik Oberärzte und hielten gemeinsam Ärztekurse für Chirotherapie.

»Ich habe dich im Fernsehen gesehen!«, begrüßte Hans mich. »Heilen ohne Medizin, Glaubensheilungen bei Bandscheibenvorfällen, Handauflegen bei Arthrose der Gelenke ... Sag mal, was ist denn da in dich gefahren? Glaubst du etwa daran?«

»Ich glaube nicht nur daran, Hans, ich weiß sogar, dass es funktioniert. Ich habe es nämlich oft genug erlebt. Hätte jemand mir vor zehn Jahren davon erzählt, hätte ich darüber laut gelacht. Aber mittlerweile kenne ich eine Vielzahl von Patienten, die waren bei einem halben Dutzend Orthopäden – und im Grunde konnte ihnen keiner helfen. Es geht vielleicht mal eine Weile ein bisschen besser. Aber den richtigen Durchbruch, den erleben sie nicht. Und das ist besonders für Schmerzpatienten bitter.«

Hans nickte nachdenklich. »Ich kenne dich seit vielen Jahren – und deshalb glaube ich dir natürlich. Dein Auftritt im Fernsehen war auch sehr überzeugend, und da hast du alles fundiert erklärt. Aber ... jetzt mal ganz ehrlich: Wenn ich dich nicht schon vorher gekannt hätte, also ich weiß nicht, ob ich dann auch so überzeugt wäre. Andererseits«, er suchte nach Worten, »also wenn du deinen Patienten damit wirklich helfen kannst ...«

»... das kann ich ... nicht immer, aber oft.«

»Dann finde ich es einfach wunderbar!«

Das fand ich auch – und immer mehr Patienten fanden es, denn seit meinen Auftritten in den Medien, zu denen ich völlig zufällig gekommen war, erreichten mich Hilferufe aus ganz Deutschland und sogar aus dem Ausland. In den Medien präsentierte man mich als ein Unikum: einen Schulmediziner, der sozusagen die Fronten gewechselt hatte. Dabei hatte ich das gar nicht. Ich hatte die Schulmedizin in meiner Praxis nur um ein wesentliches Element bereichert. Ich lehnte die Schulmedizin keineswegs ab. Deshalb hatte ich auch nichts dagegen, als mich eine Anfrage erreichte, ob ich bereit sei, vor laufender Kamera mit einem Heiler konfrontiert zu werden, der einer jungen querschnittsgelähmten Frau im Rollstuhl die Hand aufgelegt hätte: Die Frau sei aufgestanden und habe plötzlich wieder laufen können. Als ich jedoch recherchierte und feststellte, dass die Querschnittslähmung der Frau nicht beweisbar war – es gab kein einziges Röntgenbild, das einen Wirbelbruch zeigte, kein Computertomogramm, nichts –, fand ich das doch seltsam. Auf meine Fragen, die ich bei einem Vorgespräch an den Heiler richtete, antwortete er mehrfach: »Das kann ich nicht beurteilen. Ich bin kein Arzt.«

»Dann können Sie auch nicht behaupten, dass eine querschnittsgelähmte Patientin dadurch, dass Sie ihr Hand auflegten, ihre Gehfähigkeit zurückerlangt hat«, resümierte ich.

Solche Geschehnisse sind es, die den schlechten Ruf des Geistigen Heilens in der Welt verbreiten. Ich habe leider oft erleben müssen, dass sich Erfolge Geistigen Heilens bei einer kritischen medizinischen Prüfung anders darstellen, als zunächst deklariert. Auch aus diesem Grunde bin ich froh, mich auf einer soliden schulmedizinischen Basis zu wissen und halte es für meine Aufgabe, die Integration einer spirituell-energetischen Komponente in das System unserer etablierten medizinischen Heilmethoden mit allen Kräften zu unterstützen. Was wir dabei ganz gewiss nicht brauchen können, sind voreilige oder leichtfertig übertreibende Beurteilungen unserer beachtlichen Erfolge. Das würde uns in der Öffentlichkeit ebenso schaden wie bei unseren ausschließlich schulmedizinisch orientierten Arztkollegen.

Zehnmal Ja zum Geistigen Heilen

Eine große Zeitschrift bat mich um einen Artikel über Geistiges Heilen. Ich nahm dies zum Anlass, meine Ansicht in zehn Punkten klar darzulegen und mich und meine Überzeugungen somit auch deutlich von »Wunderheilern« abzugrenzen.

1. Was verstehen Sie unter »Geistigem Heilen«? Wie war die Entwicklung in Europa? Sind geistige Heilweisen wieder auf dem Vormarsch?

Die Kunst des Heilens ist die Kunst, die Krankheit des ganzen Menschen zu behandeln – was wir heute als ganzheitliches Heilen bezeichnen. Ärztliches Behandeln im besten Sinne

hat auch immer geistige Aspekte des Patienten miteinbezogen, gerade auch in Bezug auf die Krankheitsentstehung.
Im »dunklen« Mittelalter breiteten sich die Hexenverbrennungen in Europa aus. Vieles spricht dafür, dass es sich hier um eine Abwehr nicht nur von Hexenkult und satanischen Phänomenen, sondern auch um die Angst der Menschen vor unheimlichen, nicht nachvollziehbaren, geheimen Heilweisen handelte, also um das, was wir heute im missverstandenen und schlechtesten Sinne unter »geistigen« Heilweisen verstehen können.
Einiges von dieser Zwielichtigkeit blieb an den geistigen Heilweisen haften. Die »Heiler« unternahmen auch zu wenig, um das Dunkel aufzuhellen. Während die medizinische Wissenschaft die Fortschritte der Naturwissenschaft miteinbezog, wurden Klarheit, Transparenz und grundlegende Erklärungsmodelle von den Vertretern Geistigen Heilens der Öffentlichkeit weitgehend vorenthalten. Bis auf wenige Ausnahmen gaben sich Heiler als Phänomene zwischen Zauberer und Medicus und genossen den Ruf, im Besitz geheimnisvoller Kräfte zu sein.
Eine Trendwende brachte das richtungsweisende Buch des berühmten englischen Heilers Harry Edwards »Praxis der Geistheilung – Erkenntnisse und Erfahrungen aus 40 Jahren«: »Das Geistige Heilen ist ein Geschenk Gottes an alle seine Kinder, gleich welcher Rasse oder Religion. Es ist die größte und gewiss auch geistigste Gabe, die einem Menschen verliehen werden kann. Mit ihrer Hilfe soll der göttliche Plan von der Entwicklung der Menschenfamilie zum Geistigen verwirklicht werden.«
Edwards starb 1976; leider erlebte er nicht mehr die offizielle Anerkennung des spirituellen Heilens in England, die 1977 erreicht wurde.

In den folgenden Jahrzehnten, wenn auch zunächst noch sehr zögernd, öffnete sich die Szene um die geistigen Heilweisen für Experimente zu ihrer Wirksamkeit, die mehr und mehr den Standards wissenschaftlicher Untersuchungen entsprachen.
Die Wirkprinzipien geistiger Heilweisen wurden, soweit möglich, mit Hilfe der Quantenphysik und der modernen Neurobiologie erläutert, wobei sich bis heute immer weitergehende Erklärungsmöglichkeiten ergeben. Gleichzeitig wird deutlich, dass Geistiges Heilen den Faktor der menschlichen Zuwendung und des liebenden Verstehens mit einschließen muss, um seine Wirkung voll entfalten zu können. Diese Facette heilenden Tuns macht die geistigen Heilweisen auch zu einem wieder aktuellen Modell ganzheitlichen Heilens – wobei ich nach 35 Jahren ärztlicher Arbeit der Meinung bin, dass sich Schulmedizin und spirituell-energetisches Heilen auf ideale Weise zu einem ganzheitlichen Behandlungskonzept verbinden lassen.

2. Wie kamen Sie selbst zum Geistigen Heilen?

Schon während meines Studiums wollte ich einen ärztlichen Beruf, den ich mit den Händen und dem Verstand, ohne Geräte und Instrumente, ausüben konnte. So wählte ich als Facharztrichtung die Orthopädie, an der mich vor allem die nichtoperative Seite interessierte, und begann bald mit einer zusätzlichen Spezialausbildung in Chirotherapie, der Heilmethode von Blockierungen an Wirbelsäulen- und Extremitätengelenken durch Handgrifftechniken. Ich fragte meinen damaligen Chef, den würdigen Ordinarius einer orthopädischen Universitätsklinik, ob ich für entsprechende

Kurse Bildungsurlaub geltend machen könnte. »Wieso Bildung?«, fragte er. »Da gibt es zwei Griffe – einen für den Nacken, einen für die Lendenwirbelsäule. Die kann ich Ihnen zeigen.« Ich besuchte die Kurse trotzdem. Später habe ich jahrelang Ärztekurse in Chirotherapie gehalten und innerhalb der Orthopädie wurde sie mein wichtigstes therapeutisches Standbein.

Eines Tages stieß ich auf eine Heilmethode, die mit Händen, Herz, Verstand und Geist ausgeübt werden konnte; es ging sozusagen eine Dimension weiter.

Eigentlich begann dieser Weg, als ich mich, damals gerade mit der Ausbildung fertig, als junger Arzt mit Hepatitis infizierte.

Sie wurde chronisch und ging 20 Jahre später in ein aggressives Stadium über. Unter manchen Nebenwirkungen, leider aber ohne Hauptwirkung, wurde ich ein Jahr lang mit Interferon behandelt. Dann vertraute ich mich in meiner Ausweglosigkeit einem Heiler an. Ich wusste nicht, was ein Heiler macht, hatte überhaupt keine Meinung dazu, folgte einfach dem Rat eines guten Freundes. Bald darauf lernte ich einen weiteren Heiler kennen, außerdem einen homöopathisch arbeitenden Arzt. Zwei Monate später ging es mir wesentlich besser; ich hatte meine Leistungsfähigkeit und meine Lebensfreude wiedererlangt. Und ich hatte eine neue »Liebe« gefunden. So ließ ich mich von einigen Heilern in ihrer Kunst ausbilden, als mir attestiert wurde, dass ich über die nötigen Voraussetzungen dafür verfügte.

3. Wie haben Sie früher gearbeitet und was tun Sie heute?

In den 30 Jahren meiner orthopädischen Arbeit habe ich Patientengespräche geführt, Untersuchungen gemacht, Therapiekonzepte entworfen, Tabletten verordnet, Gelenkblockierungen chiropraktisch gelöst, Akupunkturnadeln gesetzt und Gelenkinjektionen vorgenommen. Heute arbeite ich überwiegend mit geistigen Heilweisen, spreche viel ausführlicher mit meinen Patienten, versuche hinter die Ursachen ihres Leidens zu kommen, lege meine Hände auf, versuche den Energiestrom zu erfühlen und besinne mich auf meine Hilfen aus der geistigen Welt. Oft sinken Patienten für eine Stunde in eine Art Trance, sie koppeln sich sozusagen an eine tiefere Bewusstseinsschicht an. Später berichten sie mir von Wärmegefühl, Kribbeln, visuellen Wahrnehmungen, manchmal weinen sie (»nicht aus Trauer, sondern aus Berührtsein«). Sie beginnen Dinge zu erzählen, die sie belasten, die ihnen Angst machen oder die sie entbehren. Sie berichten von ihren Sorgen und ihrer Einsamkeit. Es ist, als seien durch den Kontakt mit der heilenden Energie Barrieren in ihnen beiseitegeräumt und innere Blockierungen gelöst worden. Früher war ich nach zehn Stunden Arbeit in der Praxis erschöpft. Heute bin ich abends sehr offen, dankbar und ungeheuer berührt von so viel tiefem, menschlichem Kontakt.

4. Wie gehen Sie mit der Skepsis in der Öffentlichkeit und bei Ihren Patienten um?

Ich versuche, Skepsis durch sehr intensive Aufklärungsarbeit zu überwinden. Nach einer Erklärung für das Wirken meiner Arbeit gefragt, nenne ich als (unvollkommene) Beispiele autogenes Training und Akupunktur, erläutere physikalische Grundlagen der Energiearbeit und äußere meine persönliche Überzeugung, dass es Zuwendung und Liebe sind, die heilen, und dass damit der Einfluss des Göttlichen in unser Leben tritt. So eröffnen sich für die Menschen Wege, sich von den Wurzeln ihrer Krankheit bis in die innersten Bereiche ihrer Persönlichkeit hinein zu lösen, und diese Wurzeln zu er-lösen.

5. Was bieten Sie den Patienten – Heilung, Hoffnung, Besserung? Sind Heilungen Wunder?

Ich biete den Patienten eine Möglichkeit, den Weg in die Heilung zu beginnen. Immer geht dieser Weg mit einer gewaltigen Stärkung der Selbstheilungskräfte einher.
In ganz schlimmen Fällen und in großem Leid bedauere ich, dass Heiler keine Wundertäter sind. Aber auch dann ist die liebende Zuwendung, die ein Patient spürt, ein Ruhe gebendes Erlebnis, das Sicherheit und Aufgehobensein vermittelt.
Es gibt aber auch »Heilungen«, die wie Wunder anmuten.
So schreibt der durchaus skeptische Journalist Robert Sebastian 1999 in seinem Buch »Die neuen Heiler«: »Längst sind die teils unglaublichen Fähigkeiten der Geistheiler in wissenschaftlichen Untersuchungen bestätigt worden:

- Sie erwecken Menschen aus dem Koma,
- sie lassen auf unerklärliche Weise bösartige Gehirntumore verschwinden,
- ja, selbst scheinbar hoffnungslos Gelähmte befreien sie von ihrem Rollstuhl.«

6. Nennen Sie einige konkrete Fälle aus Ihrer Praxis

Frau C. A. litt seit 30 Jahren an Migräne. Bei der ersten Behandlung fiel sie in tiefen Schlaf. Als sie zwei Wochen später zur nächsten Behandlung erschien, hatte sie keine Migräne mehr gehabt (zuvor ein bis zwei Anfälle pro Woche). Der für sie beglückende Zustand setzte sich fort, abgesehen von einem Anfall, den wir durch Fernheilung stoppen konnten.
Herr N. L. konnte sich wegen starker Hüftschmerzen aufgrund einer beidseitigen Hüftkopfnekrose (die Oberschenkel- oder Hüftköpfe zersetzen sich) nur auf zwei Unterarmgehstützen fortbewegen. Nach zwei Behandlungen lief er »viel besser«, mit weniger Schmerzen. Er war glücklich und sehr optimistisch. Ich muss gestehen: Hier begann ich als Orthopäde selbst an ein Wunder zu glauben!
Am meisten rühren mich die Menschen, die unsere Schulmedizin als »austherapiert« bezeichnet. »Austherapiert« halte ich für ein Unwort, das Resignation und Ratlosigkeit vermittelt – und einen Schuss Lieblosigkeit. Ich kenne etliche solcher »Austherapierter«, die nach einer Behandlung mit geistigen Heilweisen jetzt wirklich austherapiert sind: weil sie weitgehend gesund sind, ihr Leben wieder meistern können und Optimismus und Lebensfreude zurückerlangt haben.

7. Was ist für Sie wesentlich beim Geistigen Heilen?

Am meisten angesprochen hat mich immer der menschliche Aspekt der Krankheit und des Betroffenen. Das ist noch stärker geworden, seitdem ich mich mit Geistigem

Heilen beschäftige. Ich bilde mir einen Eindruck vom persönlichen, sozialen und beruflichen Umfeld des Patienten. Ich will wissen, woran er glaubt und wovon er sich belastet fühlt. Ich will wissen, was in seinem Leben vor sich ging zu der Zeit, als die Krankheit ausbrach. Ich kann von den Facetten seiner Persönlichkeit, von seinem Lebensschicksal gar nicht genug Informationen bekommen. Oft sage ich Freunden, die meine Arbeit verstehen wollen: Geistiges Heilen ist für mich ein faszinierendes menschliches und spirituelles Abenteuer.

8. Was empfehlen Sie Heilern?

Heiler sollten von ihren zum Teil etwas abgehobenen Positionen heruntersteigen und den Marsch von der Esoterik in die Realität antreten. Sie sollten sich zum Heilpraktiker oder zum Arzt ausbilden lassen – umgekehrt gilt das auch! Sie sollten der Öffentlichkeit ein Modell präsentieren – es muss nur in England abgeschaut werden –, das die Unterscheidung zwischen Scharlatanen, Möchtegernen und echten Könnern ermöglicht (Abstufung nach Dr. H. Wiesendanger).
Sie sollten mit den Vertretern der Schulmedizin ins Gespräch kommen, soweit diese dazu bereit sind (wenn nicht, wird der Verbraucher abstimmen).
Und die Heiler sollten selbstbewusster werden. In den USA wird Geistiges Heilen an 52 Universitäten gelehrt!

9. Was ist erforderlich für die Patienten?

Patienten müssen auf seriöse Art ausführlich über die Möglichkeiten geistiger Heilweisen informiert werden. Sie müssen wissen, wo sie Informationen und entsprechende Behandlungsmöglichkeiten finden können und wo Aufklärungsgespräche stattfinden. Dazu brauchen wir nicht nur tüchtige und rührige Heiler, sondern auch engagierte Medienvertreter.

10. Kann aus Ihrer Sicht unser Gesundheitssystem noch gesunden? Was könnte dabei helfen?

Zuerst einmal: Wer muss gesunden?

- Das System?
- Die Betreuer des Systems?
- Die Menschen, die als »Endverbraucher« mit diesem System leben müssen?

Unser Gesundheitssystem ist deshalb so leidend, weil es auf Wachstum programmiert ist. Das entspricht keinesfalls einer biologischen Entwicklung. Unkontrolliertes Wachstum erzeugt in der Biologie Tumore, im Universum nach der Supernova das »Schwarze Loch« und im Riesenstaatengebilde (UdSSR) Zusammenbruch. Unkontrolliertes Wachstum führt also in dieser oder jener Form in allen Systemen zum Kollaps. Stellenweise aber ist unser Gesundheitssystem schon dabei zu gesunden. Siehe dazu die ganzheitlich arbeitende Rehaklinik eines potenten Trägers. Sie deckt den wesentlichen Behandlungsbedarf des Patienten auf unterschiedlichsten Ebenen ab (medizinisch-so-

matisch, psychologisch, sozial, lebensberatend, zukunftsweisend).
Ganz gewiss erhoffe ich zur Gesundung des Systems vom Geistigen Heilen einen unverzichtbaren Beitrag. Geistiges Heilen ist nämlich ganzheitliches Heilen. Eines Tages werden, bildlich gesprochen, auf unseren Gesundheitsmessen nicht mehr 99 Stände sein, an denen alle etwas anderes erzählen, sondern da wird ein einziger großer Stand sein, an dem 99 Leute im Wesentlichen das Gleiche erzählen. Sie werden alle über die ganzheitliche Heilung sprechen, wenn auch in verschiedenen Facetten.
Geistige Heilweisen sollten mit der Schulmedizin Hand in Hand gehen, wie in England. Ärzte, Heilpraktiker und Heiler sollten aufeinander zugehen – zum Wohle der Menschen, die uns allen anvertraut sind.
Und schließlich: Wer sollte geistige Heilweisen mehr herbeiwünschen als Gesundheitspolitiker und Krankenkassenvertreter? Dafür ist ein anschauliches Beispiel jene Patientin, die zu mir kam, weil sie am nächsten Tag in der Neurochirurgie an der Bandscheibe operiert werden sollte. Sie hatte aus verschiedenen Gründen große Angst vor der Operation. Mit aller Vorsicht und mit allen Vorbehalten versuchte ich es auf ihr dringendes Bitten hin mit Geistigem Heilen. Mit Erfolg! Die Patientin wurde bis heute nicht operiert, hat keine sensiblen oder motorischen Ausfälle mehr und ist seit langem schmerzfrei. In solchen Fällen – und das sind keine Einzelfälle – muten die Kosten für Geistiges Heilen (6 x 70 Euro) wahrlich gering an, denkt man an die Kosten für zehn Tage Krankenhausaufenthalt mit Operation und drei Wochen Rehaklinik im Anschluss.
Ich kenne noch dramatischere Fälle, bei denen Geistiges Heilen nicht nur einige Tausend Euro erspart hat, sondern

Chemotherapie, Bestrahlung, schließlich Siechtum und Tod. Oder eine jahrelange Psychotherapie. Oder den Zerfall einer Familie. Oder eine bis zur tödlichen Neige durchlebte Sucht.

Geistiges Heilen ergänzt die Möglichkeiten unseres Medizinsystems um eine spirituell-energetische Komponente. Dadurch macht es den Menschen wieder wichtiger als Verwaltungszwänge unter dem Aspekt leerer Sozialkassen.

Ich denke, das wäre ein wertvoller Beitrag für die Erneuerung unseres sehr bedrohten, aber noch nicht kollabierten Gesundheitssystems. Ich bin voll Hoffnung, dass die Rettung gelingen kann!

Klarheit schaffen – Vertrauen säen

Im Laufe meiner Ausbildung zum Heiler trat ich einer Gesellschaft bei, die sich die Ausbildung von Menschen im Gebrauch von heilender Bioenergie und Verbreitung dieser uralten Heilmethode zum Ziel gesetzt hatte. Die Bioenergetische Gesellschaft verfügte bald nach ihrer Gründung über eine recht aufwändige Organisation. Dem Vorstand der Gesellschaft standen Beiräte zur Verfügung, so auch ein »wissenschaftlicher Beirat« – und da ich damals der einzige Arzt der Gesellschaft war, übernahm ich den Vorsitz dieses wissenschaftlichen Beirates. Natürlich war dies keine Hauptaufgabe, ebenso wenig wie ich hauptberuflich als Heiler arbeitete. Ich war Facharzt für Orthopädie mit den Schwerpunkten Chirotherapie, Physikalische Therapie, Neuraltherapie und später auch Akupunktur und hatte eine mehr als gut ausgelastete Großstadtpraxis mit durchaus anspruchsvoller Patientenklientel aufgebaut. Zudem besuchte ich diverse Ausbildungskurse und Fortbildungen und stand in Kontakt mit vielen Heilerkollegen. In Berlin hörte ich Seminare der englischen Top-Heilerin Brenda Davies, einer Ärztin für Psychiatrie und Psychotherapie, die sich inzwischen ganz dem Geistigen Heilen verschrieben hatte. Zur damaligen Zeit war sie Beauftragte des englischen Parlamentes für die Koordination von konservativen und alternativen Heilmethoden.

Als Leiter des wissenschaftlichen Beirates der Bioenergetischen Gesellschaft hielt ich es für meine Aufgabe, mich über die wissenschaftlichen Grundlagen des Heilens zu informieren und mein Wissen in Seminaren an andere Mitglieder der Gesellschaft weiterzugeben. Dadurch sah ich mich auch in der Lage, ein zweites Ziel zu erreichen, nämlich den schulmedizinisch orientierten Patienten in meiner orthopädischen Praxis in kurzer und prägnanter Form Auskunft zu geben über Sinn und Funktionsweise Geistigen Heilens, das ich selbst nach und nach in meine schulmedizinische Praxis einführen wollte. Wenn ich also einen Patienten vor mir hatte, an dem ich schon in aller Ausführlichkeit schulmedizinische nichtoperative Behandlungsmethoden versucht hatte, aber im Sinne einer Besserung seiner Beschwerden und seiner Erkrankung zu keinem guten Erfolg gekommen war, deutete ich die Möglichkeit an, es gäbe noch ein völlig anderes Therapiekonzept, das sich energetisches Heilen nenne und das die folgenden Grundlagen habe ...

Ein solches aufklärendes Patientengespräch begann ich meist mit der Frage: »Sie haben sicher schon einmal von Akupunktur gehört?«

Natürlich wurde diese Frage fast immer bejaht und ich konnte weiter ausführen: »Bei der Akupunktur haben wir es ebenfalls mit einer Therapiemethode zu tun, die mit Energie arbeitet. Die Traditionelle Chinesische Medizin kennt Energiebahnen, so genannte Meridiane, die den Körper des Menschen durchziehen und einen ausgewogenen Energiehaushalt stützen sollen. Ist in diesem Meridiansystem der Energiefluss blockiert oder beschleunigt, herrscht Energiestau oder Energiemangel, dann kann dies zu Beschwerden und schließlich zur Krankheit führen.

Ein zweites Beispiel, an dem man leicht sehen kann, dass es uns möglich ist, mit unserem Geist unseren Körper zu beeinflussen, ist das autogene Training. Der Patient konzen-

triert sich darauf, dass seine Arme schwer oder seine Hände warm werden oder was auch immer. Nach einiger Übung werden diese Vorstellungen im Bereich der Arme und Hände und des übrigen Körpers zur Realität.«
Manche Patienten gaben sich mit dieser Erklärung zufrieden. Manche wendeten ein: »An Akupunktur muss man aber glauben, sonst wirkt sie nicht.« Andere sagten: »Herr Doktor, wenn Sie das, was Sie mir da anbieten, für mich als das Richtige ansehen, dann tun Sie es. Denn was wir bisher erreicht haben, genügt mir nicht. Ich bin noch immer nicht beschwerdefrei. Vielleicht haben wir mit dieser neuartigen Methode mehr Erfolg.«
An dieser Stelle des Gespräches fiel mir zuweilen ein, wie ich selbst in den Anfängen meines Medizinstudiums über die Akupunktur gedacht hatte. Man erzählte sich damals Verwunderliches. Westliche Ärzteteams hätten in China beobachten können, wie in großen Krankenhausambulanzen Patienten mit einigen Nadelstichen behandelt worden seien oder wie Patienten während einer Operation mit Nadeln in Narkose gehalten worden seien. Einer meiner Kommilitonen erklärte seinerzeit, er habe das System der chinesischen Akupunktur durchschaut: China sei eine Diktatur, anders könnte sich eine solche Behandlungsart überhaupt nicht halten!
Während ich in der geschilderten Art und Weise Aufklärungsgespräche mit meinen Patienten führte, die man mit dem Titel »Erklärung für Geistiges Heilen – Grundkurs I« klassifizieren konnte, fragte ich mich manchmal, wie das wohl mit den Wunderheilungen war, von denen in der Bibel erzählt wird. Wenn ich das Gespräch mit meinen Patienten darauf brachte, schied sich die Spreu vom Weizen, wobei ich die Spreu in diesem Fall nicht tiefer als den Weizen ein-

stufen will: Manche Patienten erklärten, sie glaubten, dass Christus ein großer Wunderheiler gewesen sei, er habe ja bloß die Hände aufgelegt und gebetet. Ich erinnerte die Patienten mit dieser Denkungsart beziehungsweise diesem Glauben: »Wenn Sie diese Berichte aus dem Neuen Testament der Bibel kennen, dann wissen Sie auch, dass Christus seine Freunde und Schüler aufforderte, es ihm nachzutun und anderen Menschen ebenfalls die Hände aufzulegen. Also ist es wohl berechtigt, wenn ich selbst schlicht und einfach sage: Ich lege die Hände auf und bete.«
Mich anderen Menschen gegenüber auf diese Art und Weise zu offenbaren, fiel mir damals noch recht schwer.

Es gab auch eine Reihe von Patienten unter meiner Klientel, die ich mit einem anderen Erklärungsansatz mit meiner geistigen Heilweise vertraut machte, in etwa so:
»Gehen wir davon aus, dass wir zu 99,999 Prozent aus Vakuum bestehen, also aus leerem Raum. Der leere Raum ist das, was übrig bleibt, wenn man aus einem geschlossenen System Materie und Strahlung entfernt. Im Fall unseres Universums und jeder einzelnen Zelle darin ist dieses Vakuum jedoch alles andere als tot und leer. Es ist vielmehr eine Fülle aus Energie. Alle Materie im Universum ist durch Wellen miteinander verbunden, die sich durch Raum und Zeit ausbreiten und ins Unendliche führen können, wobei sie jeden Teil des Universums mit jedem anderen verknüpfen. Diese Erkenntnis der Quantenphysik kann eine wissenschaftliche Erklärung bieten für beispielsweise den chinesischen Glauben an die Lebenskraft ›Chi‹, die in alten Texten manchmal im Sinne eines Energiefeldes beschrieben wird.
Der Biophysiker Fritz-Albert Popp bewies mit modernsten Forschungsmethoden, dass die Zellen aller Lebewesen Licht

abgeben, ein sehr schwaches Licht, das sich bei einer Schädigung der Zelle verstärkt und das in einer toten Zelle erloschen ist. Diese ›Biophotonenstrahlung‹ stellt kohärentes Licht dar, das – wie das Licht eines Laserstrahles – eine hohe Ordnung besitzt und sich somit optimal zur Informationsübertragung eignet. Nach Meinung vieler Wissenschaftler muss es als Ausdruck eines im Innern jeder Zelle vorhandenen und den gesamten Organismus umfassenden Energiefeldes aufgefasst werden, das die Vorgänge im Körper steuert und reguliert. Popp hat nachgewiesen, dass die Photonen des einen Organismus von einem anderen Organismus aufgenommen werden können. Daraus lässt sich schließen, dass die Lichtabstrahlungen einen Zweck auch außerhalb des Körpers haben, nämlich den Zweck der Kommunikation zwischen verschiedenen Lebewesen. Wenn wir nun diese Biophotonen, wie Popp das Licht in den Zellen nannte, anderer Lebewesen aufnehmen können, dann sind wir vielleicht auch fähig, diese Information zu nutzen, um unser eigenes Licht zu korrigieren, wenn es seine Ordnung verloren hat.«
Ich machte die dargestellten Ausführungen nicht nur meinen Patienten gegenüber, sondern auch in kleinen Vorträgen im Rahmen der Bioenergetischen Gesellschaft und in etwas breiterer Form bei bioenergetischen Informationsgesprächen auf Gesundheitsmessen.

Nun sind etwa acht Jahre vergangen. Das Geistige Heilen hat inzwischen stark an öffentlichem Interesse gewonnen. Man liest in Illustrierten und Fachzeitschriften darüber. Man sieht im Fernsehen Filmberichte und Talkshows zu diesem Thema und der Markt, wie er sich ums Geistige Heilen herum präsentiert, wird von immer mehr Akteuren benutzt.

Auch die Zahl der Heiler ist, so schätze ich, in den letzten zehn Jahren um etwa das Zehnfache gestiegen, und das sicher nicht unter Beibehaltung herausragender Qualitätsstandards in der Heilerszene. Sieht und hört man sich bei jüngeren und neueren Vertretern der heilenden Zunft um, so hat man bei manchen von ihnen leider den Eindruck, sie bemühten sich nicht im Geringsten um ein, wenn auch einfaches, Erklärungsmodell. Das ist bedauerlich. Es macht keinen guten Eindruck und kann nicht im Sinne unseres gemeinsamen Anliegens sein, wenn großspurig von »unserer Arbeit mit kosmischer Energie und unserer für diese Dinge ausgezeichnet geschulten Sensibilität« geprahlt wird. Phrasen wie: »Wir fühlen die Energielöcher; wir wissen mit Energie umzugehen; man muss eben etwas Besonderes in den Fingern haben«, sollten uns zu flach sein, schließlich arbeiten wir nicht flach und nichtssagend, ganz im Gegenteil, wir dringen in die tiefsten Tiefen vor. Deshalb sollten wir die Mühen nicht scheuen, einen Weg zu finden, unsere Patienten und die Menschen, die uns vertrauen, darüber aufzuklären, was wir tun.

Wir, die wir mit diesen Heilweisen arbeiten, tragen die Verantwortung dafür, dass geistig-energetisches Heilen weiterhin an Bekanntheit zunimmt und von vornherein davor bewahrt wird, in einem ungünstigen Licht dazustehen.

Patientenberichte I

Ich habe Patienten, bei denen ist nach zwei Behandlungen eine Neurodermitis verschwunden. Nach der dritten Behandlung löste sich bei einer Patientin ein schweres Schwangerschaftserbrechen in Wohlgefallen auf. Eine Schuppenflechte, von der die Patientin vergessen hatte zu berichten, verabschiedete sich auf Nimmerwiedersehen. Dabei war die Patientin »nur« wegen ihrer Bauchspeicheldrüsenentzündung zu mir gekommen.

Es vergeht kein Tag, an dem sich nicht mindestens ein Fall von chronischer Migräne in meiner Praxis meldet, meistens mit einer Krankheitsdauer von zehn Jahren an aufwärts (bis zu max. 46 Jahren). Erfolgsrate der Behandlungen: mindestens 75 Prozent der »Fälle«.

Ein Patient besuchte mich schon seit zehn Jahren wegen seines Hüftgelenkverschleißes bei einem Zustand nach Oberschenkelamputation. Nun hatte er gehört, dass ich inzwischen auch als Heiler arbeitete, und wollte diese alternative Behandlung ausprobieren. Eine Woche nach der ersten Sitzung kam er wieder. Die Hüftschmerzen hatten sich gebessert. Doch das war es nicht, was ihn überraschte, sondern eine ganz andere »Baustelle«: Vor fünf Jahren war er an den Stirn- und den Nasennebenhöhlen operiert worden und hatte seitdem einen Dauerschmerz vom inneren Augenwinkel aus entlang der Nase bis kurz oberhalb der Oberlippe. Von diesem Befund hatte ich bislang nichts gewusst. Nun musste ich auch nicht mehr darüber nachdenken, denn der Patient berichtete mir strah-

lend, dass dieser entsetzliche Dauerschmerz verschwunden war!
Eine Musikwissenschaftlerin suchte mich wegen starker Probleme beim Schlucken auf, die von einer allmählich stärker werdenden Verengung der Speiseröhre herrührten. Sie konnte kaum mehr normal essen, ohne hinterher zu erbrechen wegen einer immer stärker gewordenen Verengung der Speiseröhre kurz vor ihrem Durchtritt durch das Zwerchfell. Drei Tage lang konnte sie überhaupt keine feste Nahrung mehr zu sich nehmen. »Äußerst unangenehm, mehr als lästig«, meinte die Patientin lapidar. Sie war einiges gewöhnt. In der chirurgischen Ambulanz ihres Heimatkrankenhauses wurde sie einer Speiseröhrenspiegelung unterzogen. Nach dem Erwachen aus der Narkose sagte man ihr, man habe die Verengung der Speiseröhre zu dehnen versucht und wolle vier Wochen abwarten. Danach sollte eine erneute Spiegelung erfolgen und gegebenenfalls eine operative Beseitigung der Verengung.

In diesem Zustand kam die Patientin zu mir, insgesamt dreimal im Abstand von je einer Woche. Beim dritten Mal fragte sie, ob ich bei der Behandlung etwas gesehen hätte, da habe sich doch etwas gelöst.
»Was soll sich denn gelöst haben?«, fragte ich verblüfft. »Irgendetwas Feinstoffliches. Ich konnte es nicht sehen, habe es aber gespürt.«
Zwei Tage später rief sie mich an. »Ich kann völlig normal essen und trinken!«
Ich freute mich mit ihr. Nach zwei Wochen meldete sie sich erneut und berichtete von ihrem Termin im Krankenhaus. Wie es vorgesehen war, wurde sie erneut oesophagoskopiert (Speiseröhrenspiegelung). Danach gab sich der leitende Arzt

etwas irritiert. Denn es war nichts mehr zu sehen, nicht einmal eine Vernarbung!

»Haben Sie gebeichtet, wo Sie inzwischen waren?«, scherzte ich.

»Natürlich! Das Ärzteteam hat mich seltsam angeschaut. Dann fing die OP-Schwester an zu lachen. Und als der Chef draußen war, flüsterte mir der Anästhesist zu, ob er mich mal anrufen dürfte, er müsse unbedingt mehr wissen.«

Zahlreiche Patienten suchten meine Praxis wegen Funktionsstörungen der Schilddrüse auf. In fast allen Fällen kam es zu einer zumindest weitgehenden Normalisierung dieser Funktionsstörungen.

Ich behandelte auch Patienten mit zu hohen Blutdruckwerten rein energetisch. Bei erheblich mehr als der Hälfte der Patienten konnte eine Normalisierung der Blutdruckwerte erreicht werden.

Auch bei der Begleitung einer Chemotherapie oder einer Bestrahlungsserie bei Tumorerkrankungen habe ich sehr gute Erfahrungen gemacht. Fast immer kann man die Patienten so unterstützen, dass sie von den üblichen Nebenwirkungen dieser gravierenden Therapiemaßnahmen weitgehend verschont bleiben.

Neben internistischen Krankheiten, Hautkrankheiten und Augenkrankheiten suchen mich natürlich viele Patienten mit orthopädischen Leiden auf, da sie glauben, dass ich als Orthopäde für die Behandlung dieser Erkrankungen geradezu prädestiniert bin. Ich meine, das Geistige Heilen ist eine Therapieart, die den ganzen Menschen bis in die tiefsten Schichten seiner Persönlichkeit hinein erfasst, unabhängig von medizinischen Fachrichtungen.

Meine Erfolgszahlen liegen im Bereich dessen, was man auch in großen Statistiken über die Heilungschancen der verschiedensten Erkrankungen bei der Anwendung geistiger Heilweisen nachlesen kann. Eindeutig festzustellen ist, dass sich die Erfolge Geistigen Heilens zumindest mit den Erfolgen der Schulmedizin messen können. Geistiges Heilen braucht keinen Vergleich dieser grundsätzlich unterschiedlichen Therapiesysteme zu scheuen.
Es gibt natürlich auch Patienten, die meine Arbeit negativ beurteilen, wenn sich nach den ersten Behandlungen kein Erfolg einstellt. So auch Frau B., die einen beidseitigen starken Hüftgelenks- und Kniegelenksverschleiß aufwies. Ich sagte ihr, für ihr Körpergewicht sei sie meiner Ansicht nach entschieden zu klein. Sie schaute mich verständnislos an.
»Ich schätze, dass Sie mindestens 30 Kilo Übergewicht haben. Stellen Sie sich vor, wie lange Ihre Gelenke dieses Übergewicht schon tragen müssen, für das sie gar nicht gebaut sind. Es ist so, als würde man jahrelang einen Lkw mit einem Motor fahren, der eigentlich für einen Kleinwagen konzipiert ist.«
Frau B. fand meinen Vergleich nicht amüsant, sondern reagierte ungehalten. »Ich esse kaum etwas! Weniger als ein Vögelchen, Herr Doktor!«
Wie üblich beendete ich die Heilmeditation durch ein Gebet.
Am nächsten Tag rief Herr B. mich an. »Gebetsstunden« bekomme seine Frau anderswo billiger, dazu brauche sie nur in die Kirche zu gehen!
Ich glaube nicht, dass ich Patienten mit ähnlicher Einstellung helfen kann. Und ich beneide meine schulmedizinischen Kollegen nicht, die Frau B. irgendwann neue Gelenke einsetzen müssen ...

C
Das biophysikalische Modell

Der menschliche Geist,
der aus dem Verstand,
den Gefühlen und den Wahrnehmungen
aller lebenden Zellen besteht,
kann den menschlichen Körper
hellwach oder deprimiert machen.
Der Geist ist der König,
und alle Zellen sind die Untertanen;
sie verhalten sich genauso,
wie es der Laune ihres Herrn entspricht.
Ebenso wie wir uns Gedanken über den Nährwert
unserer täglichen Mahlzeiten machen,
so sollten wir auch den Nährwert
der psychologischen Menüs untersuchen,
die wir unserem Geist täglich anbieten.
(Paramahansa Yogananda)

Der Geist, der die Materie steuert

Pressemeldung vom 19.10.04:

»Extrahiertes Gehirn als Computerersatz:
Isolierte Hirnzellen steuern Düsenflieger.
Um herauszufinden, wie ein Gehirn funktioniert, experimentieren derzeit an einer Universität in Florida Wissenschaftler mit Hirnzellen von Ratten. Das – etwas makabre – Ergebnis: 25 000 lebende Nervenzellen aus einem Nagerhirn sind in der Lage, einen simulierten Kampfjet zu steuern. Langfristig könnten Hirnzellen möglicherweise als Minicomputer eingesetzt werden, so die Forscher.
Für das Experiment entnahmen Wissenschaftler Zellen aus einem Rattengehirn und kultivierten es in einer Glasschale. Bei einem Versuch konnte das extrahierte Gehirn dann in einer Simulation einen F-22-Kampfjet steuern. Dafür wurden die Nervenzellen auf 60 Elektroden aufgetragen, die sich dort schnell verbanden und ein lebendes neuronales Netz bildeten.
Am Anfang gelang es dem Versuchshirn nicht, das Flugzeug zu kontrollieren, sodass es immer wieder in zufäl-

lige Richtungen abdriftete. Später jedoch konnte die Gehirnsubstanz den Kurs halten. Das Gehirn verfüge über eine enorme Speicherkapazität, so die Wissenschaftler – zudem verfüge es über eine Flexibilität, die ein Computer nie erreichen werde. Wann rattenhirngesteuerte Flugzeuge und Netzwerke serienreif sind, konnten die Forscher – zum Glück – nicht sagen.«

Und andersrum geht's auch ...
In einer großen deutschen Wochenzeitung erschien in der 43. Woche des Jahres 2004 ein Bericht über aktuelle Erfolge der Hirnforschung: Ein Amerikaner lebt als erster Mensch mit einem Chip im Gehirn, der seine Gedanken liest und umsetzt. Der 24-jährige Patient, ehemals ein gefeierter Footballspieler, war vor drei Jahren schwer verletzt worden und seitdem vom Hals an abwärts gelähmt. Der Patient malt Kreise auf den Bildschirm seines Computers. Seine Hände liegen dabei reglos im Schoß, denn er kann sie nicht mehr bewegen. Er malt die Kreise also nicht im herkömmlichen Sinne auf den Computer. Er stellt sich vor, er male einen Kreis, und dieser Kreis erscheint. Mit dieser Methode gelingt es dem Patienten auch, den Fernseher einzuschalten, Programme zu wechseln, die Lautstärke zu verändern. Auch seine E-Mails kann er so lesen. Das alles verdankt er einem Chip zur Gedankensteuerung, der ihm ins Gehirn gepflanzt wurde. Der Chip besitzt haarfeine Messfühler aus Silikon, diese ragen 1,5 mm tief ins Zellgewebe der motorischen Hirnrinde, ein Bereich, der für die Steuerung von Armen und Beinen verantwortlich ist. Der Patient stellt sich bestimmte Bewegungen vor, und unzählige Hirnzellen senden in rasender Folge elektrische Signale aus; ein Computer deutet diese Signale und setzt sie in die Bewegung eines

Mauszeigers um. Nach einiger Übung kann der Patient auf diese Weise indirekt, also über den PC, Geräte bedienen. Der Patient glaubt fest daran, dass er eines Tages über gezielte elektrische Nervenreize sogar seine eigenen Arme wieder bewegen kann ...

Neue Erkenntnisse aus der Hirnforschung, die dank modernster bildgebender Techniken erlangt wurden, lassen uns immer wieder staunen über das Wunderwerk Körper – und werfen so manches Altbekannte über den Haufen. In vieler Hinsicht werden wir umdenken müssen! Nicht nur die so genannte Realität verändert die Struktur unseres Gehirns, sondern auch alles, was wir uns vorstellen. Es ist egal, ob wir einen Gedanken, ein Gefühl oder einen Wunsch haben: diese Energie – denn Gedanken sind Energie – transformiert sich als Molekül im Gehirn. Dieses Molekül wird Neuroprotein genannt und ist so etwas wie die Sprache des Gehirns. Intellektuelle Energie, emotionale Energie, Wunschenergien werden zu Neuroproteinen. Sie stellen die Verbindungen zu anderen Zellen her. Dieser Nachrichtenaustausch funktioniert aber nicht nur unter den Gehirnzellen, sondern überall im Körper. Jede Zelle des Körpers verfügt über einen denkenden Geist. Deshalb können wir auch behaupten: Das ganze Universum ist ein lebendiger, mit Bewusstsein ausgestatteter Organismus. Die Naturwissenschaft spricht heute vom lokalen Geist, der sich nicht nur in unserem Gehirn, sondern in allen Zellen befindet.

Der Körper ist ein Fluss von Bewusstsein und erneuert sich ständig. Unsere alten Muster aber bleiben. So bleiben auch unsere körperlichen und seelischen Krisen, wenn wir sie mit den gleichen, immer wieder reproduzierten energetischen Fehlmustern neu strukturieren. Die Muster oder die Erinnerungen, die uns zu den immer gleichen psychischen Abläufen führen, strukturieren und bewirken auch unsere Krankheiten. Deshalb können wir diese Krankheiten nicht heilen, wenn wir dort ansetzen, wo sie in Erscheinung treten. Wir müssen zum Kern unseres innersten Wesens vordringen, denn unsere Wirklichkeit gestaltet sich so, wie wir etwas aufnehmen. Gedanken und Gefühle materialisieren sich in Molekülen und steuern unseren Körper.

»Unser Körper ist eben nicht das, was wir in der Vergangenheit gemeint haben: ein Konglomerat von Molekülen. Er ist vielmehr ein Prozess, ausgelöst durch diesen leeren Raum, den wir auch Bewusstsein nennen können, aus dem Energie sich formiert zu einem Instrument, das auf der psychophysischen Ebene agieren kann.«

(Willigis Jäger)

Früher meinte man, der Geist befinde sich im Gehirn, die Intelligenz befinde sich im Nervensystem. Heute wissen wir, dass Bewusstsein nicht im Körper eingeschlossen ist, dass es so weit reicht wie der Kosmos. Das ganze Universum ist dieses Bewusstseinsfeld. Raum und Zeit existieren in diesem Bewusstseinsfeld nicht, auch Vergangenheit, Gegenwart und Zukunft existieren nicht.

Die Photonen (Photon: in der Quantentheorie das kleinste Energieteilchen einer elektromagnetischen Strahlung) scheinen dabei Mittler zu sein zwischen Materie und Geist. Sie bilden das steuernde Licht in unseren Zellen und sind maßgeblich an vielen Lebensvorgängen beteiligt. Sie bilden Felder, die in einem Organismus alle Lebensvorgänge steuern. Materie und Geist verschmelzen zu einer Einheit und interagieren ständig. Das Photonenfeld ist das oberste noch fassbare Feld von Energien, das unser Leben aufrechterhält und immer wieder neu ordnet. Ordnen wir dieses oberste Feld, das über Geist und Psyche steht, so können wir den ganzen Menschen ordnen. Störungen im Denken und in der Psyche setzen sich über Veränderungen in der Bioenergetik in physischen Defekten fort. Regulationen auf der bioenergetischen Ebene können daraus entstehende Krankheiten verhindern oder heilen. Glücklicherweise überträgt sich auch die emotionale Energie von Liebe und von liebevollen Gedanken auf die gleiche Art und das sogar noch besser, denn sie steht in Harmonie mit der Natur des Universums. Daraus resultiert eine in der Esoterik weit verbreitete Annahme:

> *»Das Universum wird immer formbarer und empfänglicher für unsere Gedanken. Dies trägt dazu bei, die Zeiten zwischen den Gedanken und ihrer Manifestation zu verkürzen. Mussten wir früher jahrelang einen Gedanken hegen, bevor er sich in unserem Leben manifestieren konnte, so braucht es dazu heutzutage nur noch ein paar Tage.«*

Machen wir diese Annahme zum zentralen Gedanken unserer Heilarbeit und nehmen wir Abstand von den Methoden einer äußerlich ansetzenden Spitzentechnologie, so bewegen wir uns auf den innersten Kern des Geist-Körper-Systems zu. In diesem Kern beginnt die Heilung. Er ist der Verbindungspunkt zwischen Geist und Materie, wo das Bewusstsein tatsächlich zu wirken beginnt und Realitäten schafft.

Kennen wir im eigentlichen Sinne die biophysikalischen, energetischen Aspekte des Heilens, so müssen wir uns dennoch nach dem Grund für das häufige Wiederauftreten von

Krankheiten fragen. Die medizinische Behandlung erfolgt heute überwiegend auf der physischen Ebene. Wir würden mit Sicherheit länger anhaltende Heilerfolge erzielen, wenn wir auch das Energiefeld behandeln würden. Dass und inwieweit wir dies bereits können, bestätigen Fachleute für energetische und Informationsmedizin.
Während meiner Ausbildung zum Facharzt für Orthopädie absolvierte ich eine Ausbildung im Fach Chirotherapie, weil es immer schon mein Traum gewesen war, einmal einen medizinischen Beruf auszuüben, zu dem man als Instrumentarium nur seine Hände benötigt. Da Chirotherapie die Kunst ist, Funktionsstörungen von Gelenken der Wirbelsäule und der Extremitäten mit Handgrifftechnik zu beseitigen, kam mir diese Spezialdisziplin sehr entgegen. Später wurde sie mein Hauptstandbein im Spektrum meiner therapeutischen schulmedizinischen Möglichkeiten. Sieben Jahre lang hielt ich Kurse für Ärzte in Chirotherapie im Rahmen einer der Hauptärzteseminare für manuelle Medizin in Deutschland. Meiner Beschäftigung mit Chirodiagnostik und Chirotherapie verdanke ich ein sehr enges Verhältnis zu den Gelenken des menschlichen Bewegungsapparates und ihrer muskulären Aussteuerung.

Während meiner Weiterbildungsjahre arbeitete ich an einer orthopädischen Universitätsklinik in der Abteilung für Biomechanik in der Grundlagenforschung über die Neurophysiologie der Gelenke. Unter unseren Patienten gab es viele Hämophilie-Patienten, also überwiegend junge Menschen mit der gefürchteten Bluterkrankheit, wobei es heute nicht mehr zu lebensgefährlichen Blutungen der inneren Organe kommt, da sich fehlende Gerinnungsfaktoren gezielt ersetzen lassen; dagegen kommt es häufig zu Blutungen in Gelenken und Muskelgruppen und damit zu frühzeitigen und zum Teil schweren Körperbehinderungen, wobei die Blutungen oft durch kleine Bagatellunfälle wie Prellungen und Zerrungen entstehen.

Unsere Untersuchungen ergaben, dass durch einen blutigen Kniegelenkserguss die Muskulatur, die das Knie streckt, erheblich abgeschwächt wurde, während die Kraft der Muskulatur, die das Knie beugt, um ein Mehrfaches anstieg. Nach Abpunktieren des Ergusses nahmen wir eine erneute Messung der maximal erreichbaren Muskelkraft vor und erkannten, dass sich die ergussbedingte Entgleisung der Muskelkraft völlig normalisiert hatte.

Auch bei Patienten mit rheumatisch entzündeten Kniegelenken bestand – aufgrund der entzündlichen Aktivität im Gelenkinneren – eine Verschiebung der maximal erreichbaren Muskelkraft, so, als hätte das Knie einen Erguss. Es gelang uns, diese Muskelkraftänderung durch Injektion eines örtlichen Betäubungsmittels in das betreffende Gelenk wieder aufzuheben und zu normalisieren. Die »Muskel-Entgleisung« musste also durch die Entzündung hervorgerufen worden sein und konnte über die Betäubung der Nervenendigungen in der inneren Gelenkkapsel wieder aufgehoben werden.

Das gleiche Ergebnis erhielten wir bei der Untersuchung von 50 Bergleuten, die zum Teil schon vor Jahren an unfallgeschädigten Knien operiert worden waren. Hier bestand das Muskelungleichgewicht zum Teil noch 20 Jahre nach der Operation, was dazu geführt hatte, dass 35 der 50 operierten Patienten inzwischen das betreffende Knie nicht mehr voll strecken konnten. In diesen Fällen wurde damals allgemein – und wird oft heute noch – angenommen, die Gelenkkapsel, die Bänder und Sehnen des Gelenkes seien

inzwischen geschrumpft und deshalb habe das Gelenk seine volle Beweglichkeit eingebüßt.
Ich erinnere mich noch sehr gut an einen Patienten, der vor zwei Jahren am Knie operiert worden war und dessen Knie nicht mehr die volle Streckfähigkeit aufwies. Nachdem ich ihn über unsere Methode aufgeklärt hatte, injizierte ich eine kleine Menge eines Lokalanästhetikums in sein Kniegelenk. Nach etwa zwei Minuten bat ich ihn, sein Knie voll durchzudrücken, also komplett zu strecken. Er brauchte einige Versuche, dann gelang es ihm, und ich weiß nicht, wer mehr überrascht war, der Patient oder ich.
Nun stürzte sich unsere Arbeitsgruppe geradezu auf Patienten, die nach einer unfallbedingten Operation einen Teil ihrer Gelenkbeweglichkeit verloren hatten und bei denen die nach der Operation angefertigten Röntgenbilder keinen anatomischen Grund für das Bewegungsdefizit erkennen ließen. Durch mehrfache Injektionen eines Lokalanästhetikums im Abstand von einigen Tagen gelang es uns in vielen Fällen, das Bewegungsdefizit auf Dauer aufzuheben. Der Wirkmechanismus dieser Vorgänge insgesamt ließ sich nur durch eine Entgleisung der muskulären Aussteuerung der Gelenkbeweglichkeit erklären. Heute ist die Neurophysiologie solcher Störungen und ihrer möglichen Aufhebung weitgehend geklärt.

Viele Jahre später erinnerte ich mich an diese Versuchsreihen und unsere daran anknüpfenden Überlegungen und Spekulationen. Es kamen nämlich auch Patienten in meine Praxis, die an solchen Einbußen der Gelenkbeweglichkeit litten. Ich legte meine Hände auf das Gelenk, spürte die Wärme oder das bekannte »Kribbeln« meiner Handinnenflächen – oder beides –, und die Patienten gaben häufig an, ihrerseits eine starke Wärme im Gelenk gespürt zu haben. Nach einigen solcher Behandlungen, die immer in eine energetische Behandlung des ganzen Körpers eingebettet waren, besserte sich die Beweglichkeit des betroffenen Gelenkes oder normalisierte sich sogar gänzlich.

So erzielte ich also ein konkret messbares Resultat durch »Heilen«. Ein Resultat, das ich im Rahmen der Forschungsarbeit zusammen mit meinen Kollegen an der Universitätsklinik vor vielen Jahren als neurophysiologisches Phänomen schon nachgewiesen hatte – damals allerdings unter Zuhilfenahme eines Lokalanästhetikums, das nervale Regulationsmechanismen außer Kraft zu setzen vermag.

Naturwissenschaft als Grundlage

Oft fragen mich Menschen, ob Heilen wirklich eine Alternative darstelle oder ob es schlichtweg auf Glaube und Hoffnung beruhe. Deshalb möchte ich mich nun den konkreten Fakten widmen, die mittlerweile so bahnbrechend sind, dass niemand mehr ernsthaft behaupten kann, Geistiges Heilen sei Einbildung.

Zwei Menschen sitzen sich im Abstand von zirka drei Metern gegenüber. Der eine ist der Empfänger. Er soll nichts anderes tun als sich seinen zufälligen Gedanken und Gefühlen zu überlassen. Der andere – von Beruf Heiler – soll sich mit Gedanken der Zuwendung auf sein Gegenüber konzentrieren. Von beiden Versuchspersonen wird ein EKG aufgezeichnet, außerdem werden Atemrhythmus und Puls registriert. Nach zirka 20 Minuten beginnen die Kreislaufparameter des Empfängers sich denen des Absenders anzugleichen, einschließlich der EKG-Kurven. Ähnliche Versuche hat man mit EEG-Vergleichen durchgeführt und immer wieder reproduziert und bestätigt.

Forscher in den USA schlossen eine Versuchsperson an einen Lügendetektor an. Vorher entnahmen sie einige Zellen aus seiner Mundschleimhaut. Diese Zellprobe stellten sie in einem weit entfernten biophysikalischen Labor in eine Nährlösung, wo sie ebenfalls mit Elektroden verkabelt und an Messgeräte angeschlossen wurde. Der Versuchsperson am Lügendetektor wurden nun Fragen gestellt. Jedes Mal wenn der Lügendetektor ausschlug, reagierte auch die Zellprobe der Versuchsperson im weit entfernten Labor.

In einem renommierten Forschungsinstitut in Kalifornien ließ ein Arzt bei 44 Freiwilligen mit einem Biopsiegerät kleine, gleich große Schnitte am Oberarm anbringen. In den darauf folgenden zweieinhalb Wochen nahm jede Versuchsperson täglich 15 Minuten hinter einer undurchsichtigen Abschirmung Platz, wobei sie den Arm mit der Schnittwunde durch ein Loch in der Trennwand steckte. 23 der Versuchspersonen saßen, ohne es zu wissen, einer Geistheilerin gegenüber.
Hauptaufgabe der Heilerin war es nun, die Schnittwunden zu schließen, indem sie die Hände über die Verletzung hielt. Bei den so behandelten Versuchspersonen waren die Wunden schon acht Tage nach Beginn des Experimentes im Durchschnitt um 93,5 % kleiner geworden, wie der Arzt, der nichts vom Zweck des Versuches wusste, feststellte, während in der Kontrollgruppe die Wunden nur um 67,3 % kleiner geworden waren.
Nach 16 Tagen lag dieses Verhältnis bei 99,3 zu 90,9 %; 13 der behandelten Wunden waren jetzt vollständig verheilt, unter den Wunden der Kontrollgruppe noch keine einzige.

Manche Krankheiten vermögen Geistheiler dadurch zu beeinflussen, dass sie das Wachstum von Krankheitserregern, wie Pilzen und Bakterien, hemmen. Dies kann sogar unmittelbar geschehen durch geistige Kontaktaufnahme mit den betreffenden Zellkulturen und auch über die Arbeit mit einer infizierten Person, bei der suggestiv ausgelöste Selbstheilungsprozesse in Gang kommen.
Bei den Heilern selbst treten messbare Veränderungen auf, für die es bisher keine befriedigende Erklärung gibt. Während sie behandeln, kommt es zu einem drastischen Absin-

ken der Körpertemperatur, zu einem plötzlichen Kalium- oder Natriummangel im Blut, zu deutlich erhöhten Temperaturen an den Händen und am Kopf.
Die Kraft, die Geistheiler vermitteln, ist keine elektromagnetische Energie, aber sie wird von rätselhaften elektromagnetischen Veränderungen begleitet.

Ich erinnere mich an meine Zusammenarbeit mit dem Radiologen Dr. Werner Dewes, der bei manchen meiner Patienten die Injektion in Gelenke der Lendenwirbelsäule computertomographisch kontrollierte. Eines Tages lud er mich ein, seinen neuen Kernspintomographen zu besichtigen. Kim, die Radiologieassistentin bat mich, meine Kreditkarten nicht mit in den Raum zu nehmen, das Magnetfeld des Kernspintomographen würde sie löschen. Neben dem Kernspintomographen stand schon mein Kollege, hielt grinsend einen Kugelschreiber vor die Röhre des Tomographen, ließ ihn los, und wie von Geistern angesaugt, verschwand der Kugelschreiber und wurde durch die Röhre geschleudert. »Beeindruckend«, lobte ich, was Werner Dewes wohl hören wollte.
Am Abend steckte ich meinen Parkschein in den Kassenautomaten der Parkgarage. Keine Reaktion, auch nicht nach mehrmaligen Versuchen. Im Büro der Parkaufsicht wurde ich lapidar gefragt, ob ich beim Röntgen gewesen sei. Da wusste ich selbst, was geschehen war. Erstens hatte das starke Feld des Kernspintomographen den Magnetaufdruck meines Parkscheins gelöscht, zweitens stand ich selbst ganz schön auf der Leitung!

Quantenphysik in Splittern

Für die Vorstellungswelt der modernen Physik hat die Quantentheorie zentrale Bedeutung. Sie wurde durch Max Planck begründet, der den Begriff des elementaren Wirkungsquantums formulierte. Albert Einstein und entscheidend 1913 Niels Bohr entwickelten die Quantentheorie weiter. In den 20er- und 30er-Jahren wurde sie ausgebaut durch Heisenberg, Schrödinger, Dirac, von Neumann und andere.

Geht die Analyse des menschlichen Körpers über die Ebene von Zellen und Molekülen hinaus, so wird die Ebene der Atome und der subatomaren Strukturen erreicht, deren Physik nur vor dem Hintergrund der Quantentheorie zu verstehen ist.

Die Quantentheorie erzwingt ein neues Nachdenken über die Beziehung von Subjekt und Objekt, von Seele und Leib. Bohr und Heisenberg sahen bereits in den 20er- und 30er-Jahren, dass die substantielle Trennung von Subjekt und Objekt nach Descartes in der modernen Naturwissenschaft nicht durchgehend aufrechterhalten werden konnte.

Newton beschrieb das Universum als Maschine: eine materielle Welt, in der individuelle Materiepartikel bestimmten Gesetzen der Bewegung durch Raum und Zeit folgen. Der französische Philosoph René Descartes hatte seine Zeitgenossen mit der Vorstellung konfrontiert, der Mensch, sein Denken, sei getrennt von der leblosen, unbeteiligten Materie des Körpers, der nur eine Art gut geölte Maschine sei.

Der Mensch befand sich nach Descartes außerhalb dieses Universums und blickte von außen hinein. Sogar der menschliche Körper war getrennt und etwas anderes als unser Selbst, das die Welt beobachtete.

So hatten Newton und Descartes Gott und das Leben aus der materiellen Welt entfernt und uns und unser Bewusstsein aus dem Mittelpunkt unserer Welt gedrängt. Newtons Vision riss uns aus dem Gewebe des Universums heraus.

Charles Darwin sorgte für weltweite Empörung mit seiner Theorie der Evolution. Sie war der Entwurf eines menschlichen Daseins, das auf dem Recht des Stärkeren beruht. Der Mensch lebt, um zu gewinnen und um zu überleben. So wurden also durch Newton, Descartes und Darwin die Menschen aus dem Zentrum ihrer Welt vertrieben. Vielen blieb nur die Religion, die mit ihren Idealen von Liebe, Vergebung, Lebenssinn und Gemeinschaft einen gewissen Trost bot. Es wurde schwer, die Ansichten der Wissenschaft und das Aufgehobensein in der Religion in Einklang zu bringen, da es sich plötzlich um Gegensätze zu handeln schien, nicht mehr um eine Einheit.

Dann gelang es den Pionieren der Quantenphysik, in das innerste Herz der Materie zu blicken. Die winzigen Materieteilchen waren nicht reine Materie, sie waren auch nicht ausschließlich ein anderes bestimmtes Etwas. Manchmal waren sie das eine, manchmal das andere, und oft waren sie gleichzeitig mehrere Möglichkeiten. Diese Partikel, kleiner als Atome, waren keine isolierten Teilchen. Bedeutung hatten sie nur in ihrer Beziehung zu allem anderen. Das Universum zeigte sich als ein dynamisches System von Wechselwirkungen. Die hier verbundenen Dinge hielten, wenn sie einmal in Kontakt gekommen waren, über Raum und Zeit hinweg diesen Kontakt aufrecht. Raum und Zeit waren

auf dieser Ebene nicht mehr anwendbar; Raum und Zeit existierten faktisch nicht.
Auch die Rolle des Menschen änderte sich. Er wurde durch die neuen Anschauungen ins Zentrum eines jeden physikalischen Prozesses gerückt. Denn subatomare Partikel existieren in unterschiedlichen Zuständen, bis sie von uns, dem Betrachter, gestört werden. Wenn wir sie beobachten, ändern sie sich und werden zur Realität; subatomare Partikel werden zu fester Materie.
Einige Forscher schlossen aus ihren Berechnungen auf das Nullpunkt-Feld – einen Ozean von Schwingungen im freien Raum. Sie sahen als grundlegenden Unterbau des Universums ein Meer von Energie, in dem alles mit allem verbunden ist. Sie entdeckten auch, dass alle Lebewesen aus Ansammlungen von Quantenenergie bestehen, die ständig Informationen mit diesem Meer von Energie austauschen.
Auch unser Denken richtet sich nach den Quantengesetzen. Denken und Fühlen haben mit Quanteninformationen zu tun; sie ziehen durch unser Gehirn und durch unseren Körper. Die menschliche Wahrnehmung findet statt aufgrund von Wechselwirkungen zwischen den subatomaren Teilchen unseres Gehirns und dem Meer der Quantenenergie. So stehen wir in Resonanz mit dem gesamten Universum.
Die Quantenphysiker entdeckten, dass man, wird die Materie in immer kleinere Teilchen zerlegt, schließlich einen Punkt erreicht, an dem diese Teile wie Elektronen oder Protonen nicht mehr die Eigenschaften von Gegenständen haben. Zwar kann sich ein Elektron manchmal wie ein kompaktes kleines Partikelchen verhalten, aber Physiker haben erkannt, dass es tatsächlich keine räumliche Dimension aufweist. Ein Elektron ist eben kein Gegenstand von der Art, die wir kennen. Wie ein Verwandlungskünstler kann es als

Partikel oder als Welle auftreten, eine Eigenschaft, die alle subatomaren Teilchen besitzen. Nach Auffassung vieler Physiker sollte man subatomare Phänomene nicht ausschließlich als Wellen oder Teilchen bezeichnen, sondern als eine eigene Kategorie von Erscheinungsformen, die auf unerfindliche Weise beides sind. Diese Erscheinungsformen werden als Quanten bezeichnet. Für die moderne Physik ist dies der Grundstoff, aus dem das gesamte Universum besteht.

Die Quanten manifestieren sich nur dann als Teilchen, wenn wir sie beobachten. Ein Elektron ist stets eine Welle, solange es nicht beobachtet wird. Jede Welle besitzt stets eine gewisse Energie. Es ist unter Physikern nicht unumstritten, aber wenn die Physiker das Minimum der Energiemenge berechnen, das eine Welle besitzen kann, kommen sie zu dem Ergebnis, dass jeder Kubikmeter des Weltraums mehr Energie enthält als die Gesamtenergie aller Materie im uns bekannten Universum.

Es gibt ein riesiges Energiereservoir, und die Quantenphysik hat bewiesen, dass von einem Vakuum oder der absoluten Leere nicht die Rede sein kann. Vielmehr ist dieses Vakuum ein Plenum, eine Fülle, eine Fülle von Energie. Diese Energie bezeichnen die Physiker auch als Nullpunkt-Feld oder Nullpunkt-Energie, denn die Fluktuationen dieser Energie sind auch dann noch nachweisbar, wenn die Temperaturen unter dem absoluten Nullpunkt liegen (-273 °C). Bei diesen Temperaturen entfällt jede Wärmebewegung als treibende Kraft. Nullpunkt-Energie ist die Energie, die übrig bleibt, wenn der Raum so leer und die Energie so niedrig wie möglich ist, sodass sie nicht mehr weiter verringert werden kann. So enthält das Vakuum eine unbegrenzte Menge von Energie. Der Physiker Richard Feynman stellt fest: Die Ener-

gie in einem einzigen Kubikmeter Raum reicht aus, um alle Ozeane der Welt zum Kochen zu bringen.
Die Existenz des Nullpunkt-Feldes bedeutet, dass alle Energie im Universum durch Wellen miteinander verbunden ist, die sich durch Zeit und Raum ausbreiten und bis ins Unendliche gelangen können; dabei verbinden sie jeden Teil des Universums mit jedem anderen. Auch finden sich in der Vorstellung des Nullpunkt-Feldes Anhaltspunkte für metaphysische Begriffe, beispielsweise den der Lebenskraft Chi (aus dem chinesischen Glauben), die in alten Texten manchmal im Sinne eines Energiefeldes beschrieben wird.

Alle Lebewesen, der Mensch eingeschlossen, bestehen aus Ansammlungen von Quantenenergie, die ständig Informationen mit dem unerschöpflichen Energiemeer austauschen. So existiert ein Zugriff auch auf alle subatomaren Teilchen, die es je gegeben hat oder zum gegenwärtigen Zeitpunkt gibt oder noch geben wird, auf alle nur erdenklichen Erscheinungsformen der Materie, der Energie und des Lebens, auf alle Gedanken, die je gedacht wurden, auf alle Kräfte, die die Größe und Gestalt unserer Galaxien und unseres Universums bestimmen.
Und schließlich könnten dahinter noch unendliche Stufen der Weiterentwicklung auftauchen. Wir wissen noch nichts von ihnen – wir können nur vermuten ...
Mit dem Aufkommen der Quantenphysik begegneten Physiker im Innersten des Atoms dem Geist, der Wandelbarkeit der Materie, dem Übergang von einem Seinszustand in den anderen. Würden die jungen Ärzte von heute in den Vorstellungen der Quantenphysik denken, dann würde unsere Medizin große Schritte nach vorn machen und aufhören, ein Meer chronisch Kranker zu produzieren. Dann würden

wir aufhören, körperliche Symptome zu kurieren und unsere Erfolge ausschließlich an Laborergebnissen und auf Röntgenbildern abzulesen. Hand in Hand mit quantenphysikalischem Denken würden wir der Spiritualität wesensmäßig näher kommen, und das zum Wohle unserer Patienten. In den USA gibt es bereits Handbücher und Anleitungen für den ärztlichen Umgang mit der Spiritualität der Patienten.

Manche Ärzte möchten nichts mit Religiosität zu tun haben. Dennoch können sie spirituell sein, indem sie sich ihren Patienten liebend zuwenden. Gute Heiler wissen, dass sie keine Symptome behandeln, ja eigentlich nicht einmal körperliche Krankheiten. Auch wenn die Symptome abklingen oder verschwinden – ohne gleichzeitig Wirkung auf die innere Verfassung, auf den Lebenssinn, schließlich auf das Bewusstsein und die Seele des Menschen zu haben, gibt es keine Heilung.

Holografisches und Energetisches

»Es ist nicht so, dass die Welt der Erscheinungen einen falschen Eindruck vermitteln würde; es ist nicht so, dass es dort draußen auf einer bestimmten Wirklichkeitsebene keine Objekte gäbe; es ist vielmehr so, dass Sie, wenn Sie einen Durchbruch wagen und das Universum unter einem holografischen Aspekt betrachten, zu einer anderen Sicht, einer anderen Wirklichkeit gelangen. Und diese andere Wirklichkeit vermag Dinge zu erklären, die bislang wissenschaftlich nicht erklärbar waren: paranormale Phänomene, Synchronizität, die augenscheinlich sinnvolle Koinzidenz von Ereignissen.«
(Carl Pribram in einem Interview in »Psychology Today«; zitiert von M. Talbot.)

Den Neurochirurgen Carl Pribram faszinierte die Frage, wie und wo Erinnerungen im Gehirn gespeichert würden. In den frühen 40er-Jahren des 20. Jahrhunderts ging man davon aus, dass Erinnerungen im Gehirn lokalisierbar seien. Seit 1946 war Pribram Mitarbeiter des Neuropsychologen Lashley. An seinem Institut wurde er mit Tierversuchen konfrontiert, die eindeutig belegten, dass bestimmte Erinnerungen nicht an bestimmte Orte im Gehirn gebunden waren. Er begann anzunehmen, dass Erinnerungen über das gesamte Gehirn verstreut waren. 1948 erhielt Pribram einen Ruf nach Yale, wo er als Neurochirurg auch nach größeren Hirnoperationen oder Kopfverletzungen keine Gedächtnislücken bei den betreffenden Patienten feststellen konnte.

Mitte der 60er-Jahre schließlich las er einen Aufsatz über die Herstellung eines Hologramms, und in einer blitzartigen Erkenntnis wusste er: Das Konzept der Holografie lieferte die Erklärung für die Frage, nach deren Antwort er so lange gesucht hatte.

Das wesentliche Merkmal des Hologramms ist, dass jedes kleine Fragment eines holografischen Filmes alle Informationen enthält, die im ganzen Film aufgezeichnet sind. Eine Voraussetzung der Holografie ist ein Interferenzmuster aus Wellen von Laserlicht. Laserlicht ist eine extrem reine oder kohärente Form des Lichtes und eignet sich besonders gut für die Ausbildung von Interferenzmustern.

Pribram forschte über die Folgen, die sich aus seiner Theorie von der holografischen Struktur unseres Gedächtnisses ergaben. In den 70er-Jahren hatte er so viel Beweismaterial für die Richtigkeit seiner Thesen angesammelt, dass er seinen Sohn, einen Physiker, fragte, wer ihm außerhalb seines eigenen Fachgebietes, der Neurochirurgie, in dieser Frage noch weiterhelfen könne. Sein Sohn riet ihm, sich die Arbeiten von David Bohm anzusehen.

Bohm hatte schon in den 30er-Jahren begonnen, sich mit der Quantenphysik zu befassen. Wenn man, so entdeckten die Quantenphysiker damals, die Materie in immer kleinere Teilchen zerlegte, erreichte man schließlich einen Punkt, an dem diese Teilchen nicht mehr die Eigenschaft von Gegenständen hatten. Erstaunlich war die Erkenntnis, dass sich die kleinsten Teilchen, Quanten, nur dann als kleinste Teilchen manifestieren, wenn sie beobachtet wurden; andernfalls waren es Wellen. Vor einer Beobachtung ist eine Welle über Zeit und Raum verstreut, nicht materiell und nicht lokal und existent nur im Bereich der Vorstellung. Zum Zeitpunkt der Beobachtung werden aus der Welle Teilchen. Es handelt sich um ein Raum-Zeit-Ereignis, die Teilchen sind lokalisiert und nicht im Bereich der Vorstellung, sondern im Bereich des Materiellen vorhanden.

Eine der aufregendsten Thesen Bohms lautete, dass die konkrete Realität unserer alltäglichen Erfahrungen in Wahrheit eine Illusion sei, vergleichbar mit einem holografischen Bild. Ihr zugrunde läge eine tiefere Seinsordnung, eine unermessliche und ursprünglichere Wirklichkeitsebene, die alle Objekte und Erscheinungen unserer physischen Welt auf ganz ähnliche Weise hervorbringe wie ein holografischer Film ein Hologramm erzeuge.

Bohm bezeichnete diese tiefe Wirklichkeitsebene als »implizite Ordnung« (= verhüllte Ordnung). Unsere eigene Seinsebene bedeutete für ihn die »explizite Ordnung« (= enthüllte Ordnung). Bohm glaubte, dass das Bewusstsein eine subtilere Form der Materie sei und dass die Basis für alle Beziehungen zwischen beiden nicht auf unserer eigenen Wirklichkeitsebene, sondern tief in der impliziten Ordnung läge.

Die Theorien von Bohm und Pribram lassen sich folgendermaßen zusammenfassen:

Unser Gehirn konstruiert auf mathematischem Wege eine objektive Realität durch die Interpretation von Frequenzen, die letztlich Projektionen aus einer anderen Dimension sind, einer tieferen Seinsordnung, die sich jenseits von Raum und Zeit erstreckt. Das Gehirn ist ein Hologramm, das sich in einem holografischen Universum verhüllt.

Der Deutlichkeit halber sei noch einmal ausgeführt, wie ein Hologramm hergestellt wird. Dazu wird ein einziger Laserstrahl in zwei getrennte Strahlen aufgespaltet. Der erste Strahl wird von einem Gegenstand, z. B. einem Apfel, reflektiert. Den zweiten Teil des Strahles lässt man mit dem reflektierten Licht des ersten Strahles kollidieren, und das dadurch entstehende Interferenzmuster wird auf einen Film (oder auf einen Spiegel) gebannt.

Von einem einzigen Laser beleuchtet, hat das Spiegelbild des Apfels nur eine allenfalls vage Ähnlichkeit mit dem Apfel. Doch sobald wir einen weiteren Laserstrahl hinzunehmen, erscheint ein gestochen scharfes, dreidimensional dargestelltes Abbild des Apfels.

Aber ein Hologramm hat noch andere Besonderheiten als den räumlichen Eindruck, den das Bild vermittelt. Zerstückelt man nämlich die Abbildungsebene des Apfels, so enthält jedes noch so kleine Fragment ein dreidimensionales Bild des gesamten Apfels. Wie wir heute wissen, würde das Experiment misslingen, wenn wir den Apfel mit einer Lichtquelle aus normalem Streulicht anstrahlen würden oder auch nur mit einem einzelnen Laserstrahl.

1987 hatten der Physiker Robert G. Jahn und die wie Jahn in Princeton tätige klinische Psychologin Brenda J. Dunne verlauten lassen, sie hätten nach zehnjährigen, streng überwachten, nach wissenschaftlichen Kriterien durchgeführten Experimenten in ihrem Labor unzweideutige Beweise dafür gesammelt, dass der Geist durch übernatürliche Kräfte auf die physikalische Realität einwirken könne. Anders formuliert: Jahn und Dunne hatten herausgefunden, dass Menschen allein durch geistige Konzentration im Stande sind, die Funktionsweise bestimmter Maschinen zu beeinflussen. Dies ließ sich zwar nicht mit unserem gängigen Wirklichkeitsverständnis erklären, wohl aber mit holografischen Vorstellungen. Überhaupt können ja auch eine Reihe paranormaler Vorgänge mit unseren heutigen wissenschaftlichen Methoden nicht erklärt werden – wohl aber mit der Vorstellung eines holografischen Modells.

Professor Stanislaw Grof, Leiter einer psychiatrischen Forschungsabteilung und gleichzeitig Assistenzprofessor an einer medizinischen Hochschule in den USA, sammelte aus seinen eigenen Untersuchungen Erfahrungsberichte, die zeigten, dass Patienten Angaben über ihren pränatalen Aufenthalt im Mutterleib machen konnten. Auch stellte er fest, dass das Bewusstsein mancher Patienten während der energetisch-meditativen Behandlung die Grenzen des eigenen Ichs zu sprengen vermochte.

Zunächst führte Grof Versuche durch, in denen er die betreffenden Versuchspersonen befragte, nachdem sie das Rauschmittel LSD zu sich genommen hatten. Er definierte dabei einen holografischen Bewusstseinszustand als eine Situation, in dem sich ein Zugang zum riesigen, holografisch organisierten Informationsspeicher des Menschen und des Universums öffnete und der dadurch alle Seinsschichten miteinander verband, nämlich die biologische, psychologische, physische und spirituelle Schicht. Was ihm in diesem Zustand der Patienten möglich war, nannte er die »holotrope Therapie«. Er setzte dabei schnelle Atmungsfrequenzen, beschwörende Musik (Informationsgehalt der Musik zu therapeutischen Zwecken) und Körpermassagen ein. Seine Arbeit bezeichnete Grof als das »Abenteuer der Selbstentdeckung«.

Wir arbeiten mit der Vorstellung, Geistiges Heilen finde am Grunde des eigenen Selbst, außerhalb von Raum und Zeit statt. Mit unserem spirituellen Heilen aktivieren wir die Selbstheilungskräfte unserer Patienten. Auch Musik kann dazu eingesetzt werden – als Heilmittel und spezieller Informationsträger.

Ich selbst habe Heilen aus der Sicht eines Patienten und mit der Informationskraft der Musik unvergesslich erlebt. Ich

war damals vergeblich ein Jahr lang chemotherapeutisch behandelt worden. Dieses Jahr hatte weder vermocht, mich von den krankheitsbedingten Symptomen und den schlechten Laborwerten zu befreien, noch meine allgemeine Leistungsfähigkeit zu steigern, die damals niederschmetternd gering war.
Durch einen der so berühmten Zufälle geriet ich an einen Heiler aus Hamburg. In meinem Fall untermalte er unsere Heilmeditationen mit dem dritten Akt der Parzival-Musik unter dem Aspekt der Erlösung als Hauptinformationsgehalt. Diese Meditationen führten mich zu tiefen Einblicken in mein Inneres und zum tieferen Kennenlernen meiner Hohen Mächte. Es ging immer nur um Heilung und um neue Sinngebung für mein Leben. Ich vertraute und es gelang mir, meine im äußeren Niederschlag somatische Krankheit wesentlich zu verbessern und zu meiner alten Leistungsfähigkeit zurückzufinden. So zeigte mir der Rollentausch meiner eigenen Geschichte vom Arzt zum Patienten und zurück zum Arzt und Heiler, dass der Geist die Materie beeinflussen oder auch die Materie in Geist umwandeln kann.

Vieles sprach in den Forschungen bedeutender Wissenschaftler dafür, dass wir alle durch ein extrem energiereiches kosmisches Feld miteinander in Verbindung stehen. Wie aber sollte es gelingen, das Reservoir energetischer Informationen als Schöpfungsquelle für uns selbst zu nutzen? Die Vermutung lag nahe, dass wir lediglich eine zielgerichtete Aufmerksamkeit zu erzeugen brauchten, um unseren Körper zu beeinflussen, und dass auf der tiefsten Ebene von Geist und Materie jeder von uns seine Welt erschaffen könnte. Darin äußerte sich die einmalige Fähigkeit von Quantenwellen, enorme Informationsmengen als Gesamtheit zu speichern; darin äußerte sich ferner, dass unser Gehirn diese Informationen lesen und weiterverarbeiten konnte, möglicherweise unter Einbeziehung auch anderer Lebewesen. Diese Auffassung kam den heutigen Vorstellungen über das Funktionieren geistiger Heilwirkungen schon sehr nahe, arbeitet doch der Heiler in Resonanz mit der göttlichen Energie mit Liebe, Vergebung, Demut und Dankbarkeit. Würde er in der Lage sein, diese Information an den Patienten weiterzugeben, so wären wir im Erklärungsmodell der biophysikalischen Arbeitsweise einer Energie- und Informationsmedizin ein beträchtliches Stück weitergekommen.

Was das Elektron vom Wellenzustand in den Teilchenzustand übergehen lässt, ist das Bewusstsein des Beobachters. In dieser Ganzheit wären dann wirklich alle Teile des Universums, auch der Beobachter und seine Instrumente, miteinander verschmolzen und vereinigt.

Dazu meint David Bohm: »Geist und Materie sind beides Produkte des Denkens. Vor langer, langer Zeit haben wir Geist und Materie durch Sprache und Denken geschieden und seitdem glauben wir, dass sie tatsächlich verschieden sind.«

Die neueste Forschung spricht vom lebenden Organismus als einem makroskopischen Quantensystem, d. h. einem System, das in der Lage ist, gemeinschaftlich mit Quantenfeldern in Quantenprozessen zu agieren. Es wird vermutet, dass das Bio-Energiefeld des Organismus nicht nur aus bekannten Kraftfeldern besteht, sondern auch aus den eher esoterischen Feldern, wie den Potenzial- oder Quantenfeldern. Letzteres korrespondiert mit dem Informationsfeld, das Bohm vorschwebte als »Hologramm der impliziten Ordnung«. Es wird inzwischen angenommen, dass dieses Feld

als Medium der Verbindungen aller Lebensbereiche fungiert.
Ganz wesentlich am Funktionieren des holografischen Prinzips ist, dass nicht nur die schnelle Nachrichtenübermittlung möglich ist, sondern dass alle Informationen über den Gesamtorganismus an jeder Körperstelle vorhanden sind.
Robert G. Jahn hielt es für wissenschaftlich eindeutig erwiesen, dass unser Bewusstsein physikalische Systeme beeinflussen und mit Informationen versehen kann.
Nach Jahn beeinflusst der Mensch mit seinen Gedanken und Gefühlen andere Menschen, beliebige andere lebende Organismen und die so genannte tote Materie, und ebenso kann er auf direktem geistigem Wege, d. h. ohne Einsatz der äußeren fünf Sinne und zusätzlich gebauter Maschinen, Informationen sowohl aus Lebewesen als auch aus der unbelebten Natur gewinnen, unabhängig von Raum und Zeit. Die wahrgenommenen Grenzen zwischen Bewusstsein und Umgebung werden abgelöst durch eine Verschmelzung von »Ich« und »Nicht-Ich«, und das resultierende verbundene System zeigt Veränderungen in der physikalischen Umgebung und im Bewusstsein. Das Bewusstsein und der physiologische Organismus sind Meister im Austausch von Information mit der Umgebung, was ihnen erlaubt, von ihr zu lernen. Eine erfolgreiche Strategie zur Informationsübertragung setzt eine gewisse Auflösung der Identitäten zwischen Sender und Empfänger der Information voraus. Jahn schreibt: »Diese Auflösung ist ebenso das Rezept für jede Form von Liebe: das Aufgeben der selbstbezogenen Interessen der einzelnen Partner zugunsten des Paares. Mit den strengsten wissenschaftlichen Experimenten und analytischer Logik sind wir offenbar auf nichts weniger als die treibende Kraft sowohl des Lebens wie des physischen Uni-

versums gestoßen: Liebe, mit einem großen L geschrieben, die gleiche überragende Kraft der kreativen Existenz, schon lange erkannt in praktisch jeder gelehrten Disziplin und in jeder anderen kulturellen Periode.«

Der Eintritt der Liebe als Währung in die wissenschaftliche Welt mag auf den ersten Blick radikal und revolutionär erscheinen, aber sogar hier finden wir frühere Hinweise auf die gleiche universelle Einsicht, zum Beispiel bei Louis de Broglie, dem vollkommenen Wissenschaftler der Renaissance und Urvater der modernen Physik, der schrieb: »Wenn wir der tiefen Verbindung zwischen Gedanken und Aktion einen philosophischen Ausdruck geben wollen, in allen menschlichen Bereichen, insbesondere in der Wissenschaft, sollten wir zweifellos die Quellen in der Tiefe der menschlichen Seele suchen. Philosophen mögen es Liebe nennen, die Kraft, die alle unsere Aktionen leitet und die Quelle all unserer Freude und Ziele ist. Sie ist unauflöslich verbunden mit dem Denken und dem Handeln. Liebe ist der gemeinsame Ursprung und die gemeinsame Verbindung.«

Im Kern lautet Jahns Botschaft, die Aussage eines anerkannten Physikers: Wenn wir uns selbst lieben, können wir uns selbst heilen. Wenn wir die Welt lieben, können wir die Welt heilen.

Die Holografie ist möglicherweise nur ein Bild für Wellen-Interferenzen in der Sprache des größten Energiespeichers. Ist dies der Fall, dann ist nicht nur die Biologie, dann sind auch Psychologie und Spiritualität zumindest zum Teil als Quantenprozess erklärbar. Denn alles spricht dafür, dass des Menschen Fähigkeit zur Erkenntnis und Kommunikation sehr viel tiefer und weiter reicht, als wir bisher annahmen. So wird einmal mehr deutlich und glaubhaft, dass wir in der Tiefe des menschlichen Seins jenseits von Raum und Zeit heilen und was unsere Motivationen beim Heilen sein können. Wir bestehen nur zum ganz unwesentlichen Teil aus Materie der Zellen, aber größtenteils aus Kraft-Wechselwirkungen im Vakuum.

Unser Wille, der mit dem Bewusstsein zusammenarbeitet, schafft Realität, wie jeder Mensch bei jeder bewussten Körperbewegung demonstriert. Dabei spielt die Energie des Vakuums die entscheidende Rolle. Und das Vakuum macht 99,999 Prozent unseres Körpers aus.

Die Wechselwirkung von Photonen und Quanten, von Elektronen und ihren Wellen untereinander, getragen vom Vakuum (»Plenum«) und hier in Verbindung mit dem riesigen Energiespeicher des Vakuums, moduliert und gesteuert von unserem Bewusstsein, bestimmt nahezu alle Ereignisse in der Welt und in uns selbst. Wenn nun unser Bewusstsein mit dem Energiespeicher des Vakuums arbeitet und über Wellen und subatomare Teilchen das Universum und alles darin Enthaltene mitsteuern kann, und wenn diesem ganzen System ein steuerndes, ja schöpferisches Prinzip innewohnt, müssen wir uns dann eigentlich fragen, warum Geistiges Heilen so konkret ist, in Bereichen arbeiten kann, wo viele Patienten »austherapiert« sind und warum unsere Erfolgszahlen mit denen der etablierten Schulmedizin mithalten können? Oder beantwortet sich diese Frage nicht vielmehr von selbst?

Ich meine, vor all diesen positiven Wirkungen die Augen zu verschließen, ist nicht bloß eine Art Pflichtübung eines kritischen Verstandes. Es entspringt auch nicht primär der Sorge um das Wohl des Patienten, sondern zeigt vielmehr die Scheu vor dem Neuen, Unbekannten; ist die Angst, sich mit der Forderung nach Spiritualität in der Medizin auseinanderzusetzen. Dazu gehört auch die Angst, sich mit Gebeten, die wir hier und da für die Patienten und mit den Patienten sprechen, zu offenbaren. Schließlich spielt wohl auch das Unbehagen eine Rolle, für seine Überzeugung einzutreten, denn damit stehen wir zwar nicht alleine, aber doch nicht geschützt in der Masse der Menschen. Geistiges Heilen ist leider noch immer eine »Randerscheinung«. Bedenkt man, welche Erfolge – und hier ist mit Erfolg die Gesundheit von Menschen gemeint – es verzeichnet, so ist dies in der Tat schwer nachzuvollziehen.

Wo finden wir westlich denkenden Menschen die Kraft, die unser Leben erhält? Wie sieht sie überhaupt aus, die vis vitalis, die Lebenskraft? Gibt es in unserem gesamten Universum nur eine einzige Form der Energie, die vom Universum über die Galaxien bis in unsere Zellsysteme reicht? Ist nicht schon die Fragestellung, ob es sich bei Geistigem Heilen mehr um Energie als um Information handelt, überflüssig? Wir kennen Strukturen, die als Energieträger eine wesentliche Rolle spielen. Das Entscheidende, was durch diese Energieformen übertragen wird, ist die Information. Welche Information auch übertragen wird, die Energie kann mehr oder weniger dieselbe, die Information kann jedoch höchst verschieden sein und auch von verschiedener Wirkung auf den zu heilenden Menschen. Nicht nur im bioelektromagnetischen Feld um unseren Körper herum, sondern auch in unserem Organismus selbst verfügen wir über ein ultraschnelles und potentes Informationssystem. Diesem hat sich vor allem die Biophotonenforschung gewidmet, die heute weltweit von etwa 40 Forschungsteams betrieben wird.

Biophotonen sind Lichtquanten, die in allen Organismen aus lebenden Zellen vorkommen. Ihr Entdecker, der Physiker Prof. Fritz-Albert Popp, nannte sie in den 70er-Jahren »ultraschwache Zellstrahlung«; später sprach er vom »Licht in unseren Zellen«. Biophotonen sind maßgeblich an vielen Lebensvorgängen beteiligt. Sie besitzen einen hohen Ordnungsgrad. Sie bilden Felder und ein gemeinsames Biophotonenfeld in einem Organismus. Diese Felder steuern alle Lebensvorgänge. Sie können mit Lichtgeschwindigkeit Signale an jeden Ort des Körpers übermitteln. Sie können biochemische Prozesse einleiten oder auch hemmen.

Photonen scheinen Mittler zwischen Materie und Geist zu sein. Sie wirken im Bereich des Materiellen wie auch im Bereich des Bewusstseins. Photonen, so nimmt man an, besitzen bereits eine bewusstseinsähnliche Qualität. Die Geisthaftigkeit der Materie tritt in der Naturwissenschaft immer stärker in den Vordergrund, wobei die Wellenhaftigkeit als ihr geistiger Aspekt, der Teilchencharakter als ihr materieller Aspekt gesehen wird.

Das Biophotonenfeld scheint das oberste noch fassbare Feld von Energien zu sein, das unser Leben aufrechterhält und immer neu ordnet. Wenn wir dieses über Geist und Psyche stehende Feld ordnen, so können wir den ganzen Menschen ordnen. Krankheit ist also nicht einfach nur ein Defekt an einem Körperteil. Wer Krankheit lediglich als Defekt sieht, nutzt das Regenerationspotential des Organismus nicht.

Krankheit im psychischen oder physischen Stadium ist Störung der Biophotonenfelder und macht sich zunächst auf der Ebene dieser Felder bemerkbar. Deshalb beginnt jede Krankheit lange bevor wir ihre Symptome wahrnehmen und fassbare organische Schäden feststellen. Störungen im Denken und in der Psyche setzen sich über Veränderungen in der Bioenergetik in physischen Defekten fort. Eine Regulation auf der bioenergetischen Ebene kann solche Krankheiten verhindern bzw. heilen.

Es wird deutlich, wie Gefühle oder Gedanken zu somatischen Krankheiten führen. Psychologische und physiologische Einflüsse steuern uns. Während starke negative Gefühle, feindliche oder ängstliche Gedanken durch Hormonausschüttungen Veränderungen und Krankheiten in uns bewirken können, so gilt natürlich umgekehrt, dass positive Gefühle, wie Liebe, Mitgefühl, Glaube, Hoffnung, Dankbarkeit und Demut wohltuend auf unsere Gesundheit einwirken. Positive Schwingungen und Gedanken, mit denen unser Geist nicht nur sich selbst heilen kann. Wir wissen, dass es auch möglich ist, diese Impulse und Informationen auf andere Organismen, also auf andere Menschen, zu übertragen.

Aura

Was sehr sensible Menschen seit langer Zeit als Aura wahrnehmen, konnte Fritz-Albert Popp mit Hilfe von Restlichtverstärkern auf einem Bildschirm für alle sichtbar machen. Er zeigte auch, dass die Hand eines jeden Menschen ein schwaches Leuchten aussendet. Bei Tests in Popps Institut schaffte es die bekannte Heilerin Rosalyn Bruyere, ihre Biophotonenausstrahlung um ein Vielfaches über das Normalniveau hinaus zu steigern. Sie veränderte allein durch geistige Konzentration die Aura ihrer Hände.

Menschen, die in der Lage sind, die Aura von Lebewesen, vor allem von Menschen, zu sehen, gelten als hoch sensitiv. Der Physiker Dr. W. Ludwig stellt in seinem Buch »Informative Medizin« fest, dass normale Menschen zehn Photonen benötigen, um einen Lichtreiz wahrzunehmen. Sensible Menschen können schon drei Photonen als Lichtreiz wahrnehmen; sie werden aurasichtig genannt. Das Auge einer Katze dagegen kann einzelne Photonen erkennen, das heißt, dass bereits ein Photon ausreicht, um von der Katze als Lichtreiz wahrgenommen zu werden. Die Wahrnehmbarkeit der Aura setzt also eine besonders konstruierte Netzhaut (Retina) voraus.

Die Aura lässt sich seit langem durch unterschiedliche Hilfsmittel sichtbar machen und darstellen, wobei am bekanntesten die Kirlian-Fotografie ist. Sehr gute Bilder mit einer unmittelbaren Analyse des Energiestatus eines Menschen und mit der Möglichkeit einer direkten Umsetzung in diagnostische Aussagemöglichkeiten bietet die GdV-Kamera des Petersburger Physikprofessors Korotkov. Der Einsatzbereich seiner Kameras reicht von differenzierten Aussagen über die energetische Situation des Patienten bis hin zur prognostischen Einschätzung und Langzeitplanung einer speziellen Begabung in sportlichen Disziplinen.

Meist geht man heute von sieben Energiekörpern oder Auraschichten aus.

- **Die erste Schicht** wird als ätherische Aura bezeichnet. Sie hat meist die Farbe Blaugrau und umgibt den Körper einige Zentimeter.
- **Die zweite oder nächst kleinere Schicht** ist der Emotionalkörper. Er kann sich in seinen Umrissen sehr schnell verändern. Körpertherapien wirken zunächst und vor allem auf diese Schicht ein.
- **Die dritte Schicht** ist die mentale Ebene. Sie enthält die Struktur unserer Ideen.
- **Die vierte Schicht** wird als Astralkörper bezeichnet. Der Astralkörper kann sich bei außerkörperlichen Erfahrungen vom physischen Körper trennen.
- Schließlich haben wir noch **drei kausale Körper,** die in Beziehung zu den spirituellen Ebenen unserer Gesamtpersönlichkeit stehen.

Disharmonie oder Krankheit treten zuerst im energetischen oder feinstofflichen Bereich auf, bevor sie sich körperlich manifestieren. Laut Dr. Hendrik Treugut geben Tumore vor dem klinischen Manifestwerden sogar spezielle Strahlen ab.

Lucius Werthmüller erklärte in einem »Ausblick« auf die mögliche Entwicklung der heute noch ungeklärten Energiephänomene:

»Energie ist heute hauptsächlich ein physikalischer Begriff. Die zunehmende Erforschung bioenergetischer und paraphysikalischer Phänomene kann dazu beitragen, dass er eines Tages auch ein biologischer, ein psychologischer und ein spiritueller Begriff sein wird, und so könnte sich in einer Wissenschaft der Zukunft ein erweiterter Energiebegriff etablieren als entscheidende Nahtstelle von Physik und Metaphysik, Physik und Parapsychologie und von Natur- und Geisteswissenschaften.«

Ich bin der Meinung, dass wir diesen Zukunftsperspektiven schon ein gutes Stück näher gekommen sind!

Eine Begegnung in Basel

Alljährlich gegen Ende November beherbergt das Basler Kongresszentrum die »Basler PSI-Tage« – Internationaler Kongress für Grenzgebiete der Wissenschaft. Im Rahmen der »22. Basler PSI-Tage« fand 2004 der 7. Weltkongress für Geistiges Heilen statt, diesmal mit den Themenschwerpunkten »Fernwirkung – Hilfen aus der Geistigen Welt – Geistiges Heilen als Seelsorge«.

Unter vielen anderen Veranstaltungen moderierte Dr. Harald Wiesendanger die Veranstaltung, zu der ich als Referent eingeladen worden war. Neben mir auf dem Podium saß – wie ich dem Namensschild auf seinem Jackett entnahm – Privatdozent Dr. med. Hendrik Treugut. Ich fragte ihn, ob er als Wissenschaftler oder als Arzt an dieser Veranstaltung teilnehme.

Sein Ehrgeiz bestünde darin, beides zu sein, erwiderte Dr. Treugut und führte aus, er sei Radiologe und gehöre der DGEIM an.

»Wer oder was ist DGEIM?«, wollte ich wissen.

»DGEIM ist die ›Deutsche Gesellschaft für Energetische und Informationsmedizin‹.«

Das klang interessant! Ich hätte gern mehr gewusst, doch Dr. Wiesendanger eröffnete die Veranstaltung, indem er aus seinem neuen Buch »Wie Jesus heilen« vortrug. In der Einleitung verlegt er darin die Wunderheilungen Jesu Christi an den Bodensee und in die heutige Zeit: Jesus als freche Erscheinung. Ungepflegt, unrasiert, ohne festen Wohnsitz, in abgetragener Kleidung zieht er mit seinen so genannten

Jüngern, die äußerlich ebenso wenig Vertrauen erwecken wie ihr Meister, von Ort zu Ort. Viele Geschichten des Neuen Testamentes, in denen Jesus heilt oder Dämonen austreibt, finden an verschiedenen Orten am Bodensee erneut statt. Typisch für Herrn Dr. Wiesendanger. Wenn man ihn kennt, weiß man, im Inneren lächelt er, äußerlich wirkt er nüchtern bis distanziert. Im Frühjahr 2004 erhielt ich eine E-Mail von ihm. Nach einer TV-Talk-Show, bei der ich mich zu meiner Auffassung vom Geistigen Heilen ausführlich geäußert hatte, schrieb er mir: »Sie sind auf dem besten Wege, zum Vorreiter für eine spirituell-energetische Komponente unserer etablierten Therapiesysteme in Deutschland zu werden.« Ich freute mich über dieses Kompliment von Harald Wiesendanger der mit solchen Äußerungen sehr zurückhaltend umgeht. Er selbst hat 20 Bücher zum Geistigen Heilen geschrieben oder herausgegeben.

Leider ergab sich auch nach der Veranstaltung keine Gelegenheit für mich, mit Herrn Dr. Treugut zu sprechen, also behalf ich mir abends im Hotelzimmer via Internet: Treugut, Hendrik, Priv.-Doz., Dr. med. habil., Facharzt für Radiologie, Studium der Medizin, Tätigkeit in verschiedenen kommunalen Kliniken in Deutschland und den USA, Tätigkeit an den Universitäten Tübingen und Lund (Schweden).

Habilitation, Mitglied des Lehrkörpers der medizinischen Fakultät der Universität Ulm. Chefarzt der Zentralen Radiologischen Abteilung des Klinikums Schwäbisch Gmünd. Seit langem Beschäftigung mit Komplementärmedizin, Publikationen und Vorträge über komplementärmedizinische Diagnoseverfahren und medizinische Grenzbereiche. Mitglied diverser wissenschaftlicher Gesellschaften und des

Wissenschaftlichen Beirates medizinischer Publikationsorgane.
Seit 1999 Gründer und Vorsitzender der Deutschen Gesellschaft für Energetische und Informationsmedizin e. V. (DGEIM) in Stuttgart, Organisation und Durchführung von Symposien in Zusammenarbeit mit Universitäten.

Das klang beeindruckend. Ich nahm mir fest vor, Dr. Hendrik Treugut am nächsten Tag nicht mehr entkommen zu lassen. Er versuchte es auch gar nicht. Morgens im Kongresszentrum fuhr er mir direkt in die Arme: auf der Rolltreppe.

Kurz darauf waren wir im Foyer des Kongresszentrums in überaus interessante Gespräche vertieft – und hatten vom Sie zum Du gewechselt. Ich interessierte mich brennend für die Gesellschaft für Energetische und Informationsmedizin, über die Hendrik gesprochen hatte. Hendrik interessierte sich wiederum dafür, mich als Mitglied zu werben, erklärte mir dann aber ausführlich, worum es bei der DGEIM ging:

»Wir befassen uns in erster Linie mit energetischer und mit Informationsmedizin. Wir haben profilierte Mitglieder, meist wirkliche Größen ihres Fachs. Bei unseren gesellschaftsinternen Symposien und Kongressen geben sich hervorragende Referenten ein Stelldichein. Aufbauend auf unserer Erkenntnis, dass eine Krankheit schon vor ihrem klinischen Manifestwerden Veränderungen erzeugt, arbeiten wir gerade an einem Diagnosegerät, das bei Tumoren eine spezielle Strahlung nachweist, und zwar schon lange vor dem Auftreten entsprechender Symptome.

›Energy medicine‹ bezeichnet eine Gruppe von medizinischen Verfahren, die Energiefelder in Diagnose und Therapie verwenden. Meist handelt es sich um elektromagnetische, aber auch um elektrische und magnetische Felder,

Schallwellen, mechanische Vibrationen oder Lichtwellen. Mittlerweile besteht Einigkeit darüber, den wissenschaftlich noch wenig erforschten Bereich der Skalarwellen und sogar der Informationsfelder mit einzubeziehen. Russland, das eine längere Tradition in diesem Bereich vorweisen kann, verwendet den Begriff ›bioenergetische Medizin‹, während in den USA seit den 80er-Jahren von ›energy medicine‹ und auch ›information medicine‹ gesprochen wird. Insbesondere der Energiebegriff scheint unzureichend und erfasst nicht den Feldaspekt des Organismus. Denn es handelt sich hier – ich zitiere Marco Bischof – weniger um eine Energieübertragung als eine Auslösung oder Triggerung von Prozessen durch Informationsübertragung.

Ein weiteres Charakteristikum ist die Durchführung vorzugsweise von Systemanalysen anstelle von Organanalysen und physikalisch-biophysikalischen Messverfahren anstelle von chemisch-pharmakologischen, somit jeweils der übergeordneten Steuerungsebene und beides ergänzend zur modernen klinischen Medizin.«

»Worum handelt es sich bei den Regulationsebenen oder Ebenen der biologischen Funktion?«, wollte ich wissen.

»Sie ergeben sich aus einem energiemedizinischen Modell des menschlichen Organismus und beinhalten eine mehrstufige Hierarchie zwischen den festen Körpern auf der einen und dem Bewusstsein auf der anderen Seite, wie es Marco Bischof in seinem Buch ›Tachyonen, Orgonenergie, Skalarwellen‹ definiert hat.

Es sind:

1. die physiologisch-biochemische Regulation (das Säure-Basen-Gleichgewicht, die bioelektronische Regulation usw.),

2. die ganzheitlichen Regulationssysteme des Organismus (Nervensystem, hormonelle Regulation, Immunsystem, Grundregulation des Bindegewebssystems usw.),
3. die Regulationsebenen der elektromagnetischen Felder (Biophotonen), wie man die ›bioenergetische Ebene‹ nennen könnte,
4. die ›Bioinformationsebene‹ der ›subtile energies‹ (Potenziale, Skalarwellen usw.),
5. die transpersonale Ebene der impliziten Ordnung und des vereinigten Feldes der modernen Physik.

Die beiden letzten Ebenen gehören zum Vakuumbereich, also zum subatomaren Bereich.«

Und dann sagte Hendrik einen Satz, der typisch war für seine exakte und elegante Art, auch komplizierte Dinge und Begriffe an ihren Platz zu rücken: »Über die technischen Mittel der energetischen Medizin, hier vor allem über die Energiefelder, ist sowohl ein diagnostischer als auch ein therapeutischer Zugriff auf die Steuerungsebenen 1 bis 3 möglich, während die Ebenen 4 und 5 der Informationsmedizin vorbehalten bleiben.« Ohne mir eine Pause zu gönnen, fuhr Hendrik fort – und er hatte auch Recht, denn die Zeit drängte, bald würden die Vorträge im Kongresszentrum beginnen. »Hast du einmal erlebt, wie sich Eisenspäne auf einem Blatt Papier ordnen, unter das du einen Magneten hältst?«, wollte Hendrik wissen. »Was du da siehst, ist sozusagen Bestandteil eines Magnetfeldes, wenn du ein einfaches Beispiel möchtest.«

»Das kenne ich aus dem Physikunterricht«, erwiderte ich und dachte an das Buch »Die Seele ist ein Feld« von Matthew Fox und Rupert Sheldrake, von dem ich Hendrik dann erzählte.

Matthew Fox ist Theologe, Rupert Sheldrake Philosoph und Biologe. Sheldrake hat durch seine Formulierung der morphogenetischen Felder einen hohen Bekanntheitsgrad erlangt. Beide Autoren folgen in ihren Büchern der Vision einer neuen Kosmologie, die Naturwissenschaft, Spiritualität und den Sinn für das Heilige zusammenbringt. Sie zeigen, dass Spiritualität unerwartet konkret und anschaulich sein kann im Licht wissenschaftlicher Fakten und Erkenntnisse. Die beiden Autoren führen aus, die Natur bestehe aus Energie, die jede Form annehmen könne, und aus Feldern, die formgebende Prinzipien in allen Bereichen der Natur sind. Sheldrake überträgt dies auf die Grundlagen der christlichen Tradition; dort sei das Energieprinzip der Geist – der ja immer als Bewegung, als Wechsel dargestellt werde, als der wehende Wind, der Atem, das Feuer, der fliegende Vogel – und das Feld sei das formgebende Prinzip, der Logos. Wenn wir uns daran halten, dann wirkt der Geist energetisch, und der Logos, der Plan der Schöpfung, wirkt aufgrund von Information. Das könnte den Rückschluss nahe legen, dass ein Heiler, wenn er sich mit dem Logos und mit dem Geist in Resonanz befindet, mit der Energie des Geistes und der Information des Logos die »Software« eines Patienten zu ändern vermag, dass er z. B. das Chaos eines von einem Tumor betroffenen Organs in die Verhältnisse eines gesunden Organismus zurückholen kann. Dann ist die Arbeit eines Heilers nicht mehr unheimlich und lässt ihn als einen Menschen mit von Gott verliehenen Zauberkräften erscheinen, sondern er ist derjenige, der Spiritualität, Dankbarkeit, Verzeihen, Demut und Liebe in sich vereint und weitergibt. Seine subtilen Arbeitsmedien sind Bioenergie und Bioinformation auf der Grundlage der modernen Physik im Kontext tiefer Spiritualität im Sinne von Fox und

Sheldrake. Denn das sagt uns ja die Quantenphysik auch: Das Bewusstsein steuert die Materie. Ein Gedanke kann eine Funktion außerhalb unseres Körpers steuern; und nach Einstein ist das, was wir als Materie zu sehen glauben, »eine hohe Konzentration von Energie auf relativ kleinem Raum«; ein Bereich, in dem das Feld extrem stark ist und eine Schnittstelle bildet zwischen Feld und Materie, wobei das Feld die einzige Wirklichkeit ist. Ein Feld können wir mit unseren Gedanken, mit unserer Beobachtung gestalten. Einstein sagte: »Wenn eine Maus das Weltall anschaut, ändert das den Zustand des Weltalls.«

Wie zur Erläuterung dieser Ansicht kann man im Buch »Informative Medizin« des Physikers W. Ludwig, der im Jahr 2004 verstorben ist, lesen, die Quantenphysik habe bewiesen, dass Schwingungsquanten, insbesondere Photonen, der Materie übergeordnet seien und diese steuerte. Carlo Rubia (Nobelpreis für Physik 1984) übersetzte das für seine Leser so: »Wir betrachten gewöhnlich nur die Materie, weil wir sie sehen und anfassen können. Viel wichtiger jedoch sind die Wechselwirkungsquanten (insbesondere Photonen), welche die Materie zusammenhalten und deren Struktur bestimmen.«

Der göttliche Logos, die Vernunft, der Schöpfungsplan bestimmen die Form und die Gestalt seiner Schöpfung. Die dazu notwendige Information wirkt an der Schnittstelle von Geist und Materie, dort, wo auch eine Emotion zum Molekül werden kann.

Hierzu ein kleines Beispiel: Ein Verkehrsunfall steht unmittelbar bevor. Auf meiner eigenen Fahrspur kommt mir ein Wagen in einer lang gezogenen Kurve entgegen. Wer so

etwas schon einmal erlebt hat, kennt das Phänomen, dass der Zeitbezug plötzlich aufgehoben ist. Ich empfinde Angst. Mein Puls rast blitzschnell von 64 auf 100 Schläge pro Minute, mein Blutdruck steigt, meine Hände werden feucht. Eine ungeheure Stresssituation für meinen Organismus. Ich weiche dem entgegenkommenden Wagen nach links aus, er rammt meinen Wagen auf der Beifahrerseite.
Die Emotion Angst hat zur Adrenalinausschüttung geführt, und das Hormon Adrenalin hat die entsprechenden Reaktionssysteme in mir auf Angstreaktion gestellt. Wie die Angst entstand, ist keine Frage. Wieso Adrenalin zum Alarmzustand des Kreislaufsystems führt, ist auch klar und lässt sich im Tierversuch nachvollziehen. Ein einziger Schritt, nämlich der von der Emotion zum Molekül, ist noch nicht ganz geklärt. Kann er durch etwas anderes angestoßen werden als durch einen entsprechenden Informationsimpuls?

In einer wissenschaftlich brandaktuellen Zeitschrift findet sich im Oktober 2003 eine Arbeit zum Nachweis der Hirnfunktionen bei der Verwendung eines Placebos (einer Tablette oder Spritze ohne eigentliche Wirksubstanz). Die wörtliche Übersetzung von Placebo lautet: »Ich werde gefallen.« Man hat spirituell-energetischen Heilweisen oft den Vorwurf gemacht, sie würden nur mit Placeboeffekten arbeiten und wirksam werden. Angenommen bei 90 % aller mit Geistigem Heilen therapierten Patienten träfe das Placebo-Argument zu, also die Wirkung des Geistigen Heilens beruhe nur auf Einbildung des Patienten – wäre dies ebenfalls eine Wirkung, allerdings ohne Wirkstoff und ohne Nebenwirkung und dennoch zu Besserung oder Heilung führend. Was wäre gegen eine solche Therapie einzuwenden? Mit Sicherheit würde das schlagartig zu einer immensen

Kostensenkung führen und außerdem käme es zu einer hoch dramatischen Reduzierung von Arbeitsmöglichkeiten für Ärzte, Psychotherapeuten, klinische Psychologen, Heilpraktiker und medizinische Assistenzberufe wie Schwestern, Pfleger, Masseure, Krankengymnasten und Logopäden. Doch die Wirkung geistiger Heilweisen lässt sich ja inzwischen viel weitergehend nachweisen. Deshalb noch einmal zu den Hirnfunktionen bei Verwendung eines Placebos: Hier zeigen neurobiologische Untersuchungen, dass Hoffnung und Vorstellungskraft den Organismus messbar beeinflussen können. Und sie zeigen uns den Weg der visuellen Wahrnehmung, beispielsweise eines Medikamentes, oder die Wirkung einer Scheinoperation des Kniegelenkes bei Arthrose. In einem Versuch wurden Patienten mit Arthrose am Kniegelenk stilecht auf ihre Operation vorbereitet und dann auch völlig realistisch in den OP geschoben. Dort erhielten sie allerdings nur einige oberflächliche Hautschnitte ins Knie (als »Ersatz« für die Operationswunde). Den Patienten wurden also lediglich die Begleitumstände einer herkömmlichen Behandlung vorgespielt. Die Ergebnisse waren verblüffend: Bei den meisten dieser Patienten zeigten sich die gleichen Resultate, als seien die Kniegelenke auf übliche Art operiert worden.

Wie kann das anders erklärt werden als mit einem Prozess der Bioinformation? Neurobiologen bezeichnen mehrere Areale im Gehirn als Anlaufstationen für den von außen kommenden Nervenimpuls. Auf diesen Nervenimpuls reagiert schließlich der Hypothalamus mit einer Hormonausschüttung, die sich in der Nebenniere auswirkt, welche Cortisol, Noradrenalin und Adrenalin ausschüttet. Diese Hormone steuern jetzt die Aktivität von Immunzellen und sorgen für andere adäquate Reaktionen im Organismus.

Ähnlich genau ist der Weg des Schmerzes darstellbar geworden zwischen der bewussten Schmerzempfindung einerseits und der Stimulation schmerzhemmender Nervenbahnen andererseits. Stefan Klein und Sven Jacobsen fassen die Ergebnisse der aktuellen neurobiologischen Forschung so zusammen:

»Die akademische Medizin versteht Krankheit als Folge von Defekten im Leib, die es zu beheben gilt. Das Empfinden des Patienten kommt in dieser Auffassung nicht vor, doch die Neurobiologie hat in den letzten Jahren überzeugend gezeigt, dass Körper und Geist überhaupt nicht voneinander zu trennen sind ... Es wird sichtbar, warum das Konzept einer rein naturwissenschaftlichen Medizin nicht aufgehen kann, und damit müssen wir ganz neu mit der Erkenntnis arbeiten, dass Medizin nicht nur eine Wissenschaft vom Heilen, sondern auch eine Heilkunst ist.«

Die Flut der Meister

Die Frage, was gute, weniger gute oder überwiegend erfolglose Heiler, was Könner oder Möchtegerne sind, diese Frage ist für den Außenstehenden zunächst kaum zu beantworten. Die Güte von Heilern scheint vor allem mit drei Faktoren zusammenzuhängen: der Ausstattung mit dem göttlichen Geschenk, also mit der Gabe zu heilen, mit dem Charakter des Heilers und seiner Ausbildung, wobei über den letzten Punkt auf breiter Ebene Uneinigkeit herrscht. Bei einem Blick auf die Ausbildungssysteme muss einen hier und da die Angst befallen, welche Lerninhalte wohl vermittelt werden und wie viel »Heilen« man lernen kann. Ein besonders aussagefähiges Beispiel hierzu ist die in Deutschland übliche Ausbildung in Reiki, der fernöstlichen Heilweise der »allumfassenden, alles durchdringenden Lebenskraft«. So berichtet H. Wiesendanger:

»Anfang der 80er-Jahre gab es in Europa nur eine einzige Reiki-Meisterin. Die erste in Deutschland, Brigitte Müller aus Frankfurt, wurde 1983 von Phyllis Furumonto geweiht. Inzwischen kursieren in der Esoterikszene Empfehlungslisten, in die sich bereits über 350 deutsche Reiki-Meister eingeschrieben haben; ihre Gesamtzahl wird auf das Sechs- bis Siebenfache geschätzt. Allein bei einer Kölner Psychotherapeutin und Reiki-Meisterin haben rund 1000 Schüler den dreitägigen Grundkurs zu 300,- DM absolviert. Falls andere Meister ähnlichen pädagogischen Eifer entwickeln, dürfte die

Zahl der praktizierenden Reiki-Anhänger in Deutschland schon bald die Millionengrenze überschreiten. Mit steigender Zahl von ›Eingeweihten‹ ging ein rapider Qualitätsverlust in Ausbildung und Therapie einher.«

Kann jeder Mensch »geistig« heilen, ist Heilen erlernbar? Auch hierzu sei H. Wiesendanger zitiert: »Geistiges Heilen setzt Einfühlungsvermögen, Mitgefühl, Liebe und eine Fülle weiterer sozialer und charakterlicher Fähigkeiten voraus, die ein Mensch zweifellos schulen kann, sofern er noch nicht ausreichend darüber verfügt. Soweit Geistiges Heilen darüber hinaus aber den Zugang zu einer unergründeten Form von Energie einschließt, bezweifle ich stark, dass es durch Vorbilder, Unterricht und Übung jedem so zu vermitteln ist wie das Beherrschen einer Fremdsprache oder eines Musikinstrumentes. Dagegen spricht zum einen die enttäuschend niedrige Quote von wirklich fähigen Heilern, die aus der wachsenden Zahl von Trainingskursen, Intensiv-Seminaren und Wochenend-Workshops aus dem Esoterikmarkt hervorgehen. Zum anderen fand die Mehrzahl der fähigsten Geistheiler keineswegs dank irgendwelcher Ausbildungen zu ihrer Berufung. Entweder brach ihr Talent schon in der Kindheit hervor oder es entwickelte sich spontan auf ein einschneidendes persönliches Erlebnis hin, sei es auf dem Höhepunkt einer schweren Erkrankung ... einem beinahe tödlichen Unfall ... oder nach rätselhafter Bewusstlosigkeit ... auf dem Höhepunkt schwerer persönlicher Krisen und Schicksalsschläge ... durch ein ›Erleuchtungserlebnis‹ in Form einer Vision oder einer inneren Stimme. Geistige Heilkräfte, vor allem in ihrer ausgeprägtesten Form, scheinen selten zu jenen Vermögen zu zählen, die durch besondere Anstrengung und geduldiges Lernen zu erwerben sind. Öfter fallen sie ihren Besitzern wie aus heiterem Himmel zu.«

Je nach der durchlaufenen »Ausbildung« werden auch Prädikate und Titel verliehen. So können Heiler unter anderem »zugelassen«, »anerkannt«, »geprüft« und »zertifiziert« sein.

Ab den späten 80er-Jahren wurden zunehmend Schnellausbildungsprogramme in Akupunktur angeboten. Mein Bild von Akupunktur ließ sich mit solchen Crash-Methoden nicht vereinbaren. Ich kannte einige gute Akupunkteure, die ihre Ausbildung in China oder Vietnam gemacht hatten, und das hielt ich auch für angebracht und einer so alten Heilmethode für würdig. Aber in den folgenden Jahren konnte ich beobachten, dass um mich herum akupunktierende Arztkollegen aus dem Boden zu sprießen schienen, was mich schließlich dazu veranlasste, bei einer traditionsreichen deutschen Akupunkturgesellschaft eine Ausbildung zu absolvieren, die sich insgesamt über etliche Wochenenden im Lauf von anderthalb Jahren hinzog.

Bei der Akupunktur bestehen die Arbeitsinstrumente aus Nadeln. Liest man diverse Ausbildungsangebote für Geistiges Heilen, so glaubt man, der Umgang mit dem subtilen Medium Energie sei ebenso erlernbar wie das Setzen der Akupunkturnadeln.

Es gibt so etwas wie einen ungeschriebenen Kodex, um ein »Mann« zu werden. Ein Mann, heißt es, solle einen Sohn gezeugt, ein Haus gebaut und einen Baum gepflanzt haben. Leicht kann der Eindruck entstehen, auch für einen Heiler oder eine Heilerin gäbe es gewisse Voraussetzungen, die Heilqualitäten sichtbar machen.

Er oder sie muss den Titel einer in der Szene bekannten Ausbildungsstätte vorweisen können, er oder sie muss eine Heilerpraxis betreiben, er oder sie muss im Fernsehen gewesen sein, er oder sie muss ein Buch geschrieben haben und er oder sie muss Seminare anbieten. Und, um ganz sicherzugehen, den neuen Maßstäben zu entsprechen, muss er oder sie eine Zweitpraxis in Kalifornien oder mindestens in Südspanien besitzen.

Was von alldem konnten die großen Heiler und Heilerinnen der Vergangenheit vorweisen? Betrachtet man ihr Wirken, so fallen Begriffe wie Bescheidenheit, Demut, Dankbarkeit, Verzeihen, Mitgefühl, Nächstenliebe und natürlich Können. Und dabei ist sehr viel Erdgebundenheit präsent, trotz aller Verbindung zum Himmel.

In der Esoterikszene macht es sich heutzutage durchaus gut, einmal in Atlantis gelebt zu haben, das entspricht in etwa der goldenen Kreditkarte – oder noch besser: von Sirius zu stammen, was mit dem Besitz eines Rolls-Royce zu vergleichen ist.

Ich bin übrigens nicht auf Sirius oder Atlantis geboren, sondern in Hennef an der Sieg in der Nähe von Bonn. Ich habe keine Elite-Universität besucht, um Medizin zu studieren. Ich habe promoviert über ein Thema aus der Immunpathologie. Meine Facharztausbildung fand nicht in den USA statt. Dass Menschen »etwas spürten«, wenn ich ihnen die Hände auflegte, geschah erstmals 24 Jahre nach meiner Approbation zum Arzt und nach einer recht schweren Krankheit, von der mich, äußerlich gesehen, zwei Heiler geheilt hatten, die ich aus reiner Verzweiflung aufsuchte, noch kaum wissend, was ein Heiler ist. Von heilender Zuwendung und Demut hat mir das Leben etwas beigebracht durch mein persönliches Schicksal und durch den roten Faden meiner Berufsausübung: Menschen zu helfen.

Eines Tages wurde ich von Patienten, die mich als Arzt und Heiler aufgesucht und kennengelernt hatten, gefragt, ob man denn auch Kurse bei mir machen könnte.
»Kurse bietet jeder an«, sagte ich. »Schauen Sie ins Internet, da finden Sie reichlich Heiler und Heilerinnen, die Ihnen etwas beibringen wollen.«
»Aber das ist nicht das, was Sie einem beibringen können«, behaupteten meine Patienten.
Inzwischen kamen so viele Leute, die mich nicht nur als Arzt, sondern auch als Heiler aufsuchten, dass ich für Wochenend-Seminare gar keine Zeit mehr gehabt hätte; nicht nur wegen der Wochenenden, nicht nur um mich »mal zu erholen«, wozu ich schon damals kaum Zeit fand, sondern auch wegen der erforderlichen Organisation, der Vorbereitung und all den Begleiterscheinungen, die ein Seminar mit sich gebracht hätte (obwohl mir 12-Stunden-Tage und gelegentliche Nachtarbeit nicht fremd waren). Als dann Teresa, die Heilerin, wie vom Himmel gefallen in meinem Team auftauchte, erschienen auch Seminare plötzlich möglich, zumal wir über das, was wir vermitteln wollten, fast unabgesprochen einer Meinung waren.
So planten wir unser erstes Seminar. Es sollte sich über fünf Monate bei einem Wochenende pro Monat hinziehen. Es sollte uns und die Teilnehmer »heiler« machen, nicht »zu Heilern« machen. Das, so meinen wir, kann nur Gott, der es dem Einzelnen ohnehin in die Wiege oder in die Hände legt.
So entstand das Programm für unser erstes »Grundseminar Geistiges Heilen«.

Das Seminar

Grundseminar »Geistiges Heilen«

Wir leben in einer Zeit mit hohen beruflichen und persönlichen Anforderungen. Wir leiden nur zu oft unter Stress, Sorgen, Lebensängsten, Krankheiten, Unsicherheiten und Einsamkeit. Zahlreiche Strömungen von außen fordern uns Energie ab.

Das angebotene Seminar soll Hilfestellung geben, an Körper und Seele zu heilen, zu uns selbst und zu unseren göttlichen Wurzeln zu finden und dabei auch anderen zu helfen.
Dadurch können wir die Qualität unseres eigenen Lebens erhöhen und Missstände in uns und im eigenen Umfeld erkennen und auflösen.
So greifen wir auf Kraftquellen zurück, die in uns selbst liegen und die wieder vermehrt spürbar, erlebbar und anwendbar werden. Zu unserem eigenen Wohle und dem unserer Mitmenschen.

1. Wochenende

- Theoretische Konzepte der Energiesysteme
- Informationsmedizin
- Grundlagen der Anatomie und Physiologie des Menschen
- Was macht einen »Heiler« aus (persönliche Voraussetzungen)?

- Aufbau eines energetischen Feldes
- Weiterleiten von Energie
- Erspüren von Energie
- Kurzer theoretischer Abriss über die Geschichte der energetischen, also geistigen Heilweisen
- Entstehung von Blockaden
- Was geschieht während des Geistigen Heilens?
- Im Überblick: Die Chakren – System, Aufbau, Bedeutung

2. Wochenende
- Chakrendiagnostik und Chakrentherapie
- Esoterische Tradition; funktionelle Erläuterung des Chakrensystems
- Praktische Anwendung für Diagnose, Therapie und Heilung

3. Wochenende
- Analyse und Diagnose »energetischer Blockaden« mit gegenseitigen Übungen
- »Loslassen«
- Rückblick und neue Wahrnehmungen
- Gegenseitiges Diagnostizieren und Therapieren
- Bedeutung eigener Empfindungen bei der geistigen Heilarbeit

4. Wochenende
- Geistiges Heilen vom psychologischen Ansatz aus
- Praktische Heilübungen

5. Wochenende
- Wiederholung theoretischer Seminarinhalte

- Gegenseitiges Heilen und Besprechung der Wahrnehmungen
- Gegenseitiges Heilen
- Heilmeditationen und Gebete

Zu Beginn eines jeden Seminartages finden geführte Meditationen statt, am Schluss eine Heilbehandlung mit Dr. Wolfgang Bittscheidt und Teresa Schuhl.

Und dies geben wir unseren Seminarteilnehmern mit auf den Weg:

> *Echte Heiler und Medien haben nicht selten einen strengeren, anspruchsvolleren Weg zu gehen als der Durchschnittsmensch. Ich persönlich kenne kein einziges Medium und keinen einzigen guten Heiler, der, bevor er seine mediale Tätigkeit begann, nicht zunächst heftig »unten durch« musste, wie man sagt. Denn, wie ich bereits erwähnte:*
> *Wer andere Menschen ehren und achten will, wer andere heilen will, der muss zuerst selber fähig sein zu lernen und zu folgen, selbst erst einmal heiler werden.*
> *Wer andere Menschen wieder in ihre Mitte bringen möchte, der muss zuerst selber in seiner Mitte sein. Und wer anderen Menschen sagt, wie sie leben sollten, der muss seine Ideale auch selber vorleben.*
> *Ansonsten wird seine Therapie keinen längerfristigen Erfolg, keine Heilung bringen können.*

Eine weise Geschichte

Eine Mutter brachte ihren einzigen Sohn zu einem weisen Mann.

»Bitte, mein Meister«, begann sie, »Sage meinem Sohn, er soll aufhören, Zucker zu essen.«

Der Weise besann sich und sagte: »Gute Frau, komm in zwei Wochen wieder mit deinem Sohn.«

Verwirrt bedankte sich die Frau und sagte, sie würde tun wie ihr geheißen. Nach zwei Wochen kam sie erneut mit ihrem Sohn.

Der weise Mann schaute dem Kleinen fest in die Augen und sagte: »Hör auf, Zucker zu essen.«

Dankbar, aber ziemlich verwundert, fragte die Frau den weisen Mann: »Warum sollte ich zwei Wochen warten? Damals hättest du ihm dasselbe sagen können.«

»Vor zwei Wochen«, antwortete der Weise, »habe ich selber noch Zucker gegessen.«

Grenzen überwinden

Bereits in der Steinzeit benutzten Menschen Steinnadeln zu Heilzwecken. Das erste bekannte medizinische Buch »Innerer Klassiker des Gelben Fürsten« entstand zwischen 500 und 300 vor Christus in China.

Die »Theorie der Fünf Elemente« erklärt grundlegend die Beziehungen der gegenseitigen Erzeugung und Unterdrückung sowie der gegenseitigen Übertreibung und Überwindung der Unterdrückung der jeweiligen Elemente. In dieser Wechselwirkung der fünf Elemente besteht die Rangordnung darin, dass Holz Erde unterdrückt, Erde Wasser unterdrückt, Wasser Feuer unterdrückt, Feuer Metall unterdrückt und Metall Holz unterdrückt. Dabei hat jedes Element seine Entsprechung in speziellen Bereichen. So steht Feuer in seiner Organentsprechung für das Herz und den Dünndarm, für das Sinnesorgan Zunge, für die Gewebsart Gefäße, für das Gefühl Freude, für die Jahreszeit Sommer, für den Umweltfaktor Hitze, für die Entwicklungsphase Wachstum, für die Farbe Rot, den Geschmack Bitter und die Himmelsrichtung Süd. Außerdem nimmt jedes Element sowohl die Position des Unterdrückens als auch die des Unterdrücktwerdens ein; es kann die Position des Erzeugers als auch des Erzeugtwerdens haben. Eine andere Wechselwirkung besteht darin, dass die Krankheit die Erkrankung eines anderen Organs nach sich zieht, das heißt, die Krankheit kann sich ausweiten oder in eine andere Krankheit umwandeln. Die fünf Wandlungsphasen repräsentieren zwei Arten von Naturanschauung im alten China. Sie umfassen, ebenso wie die Theorie von Yin und Yang, frühe Konzepte von Materialismus und Dialektik und spiegeln im hohen Maße das objektive Gesetz aller Dinge wider. In der klinischen Anwendung dieser Systeme (Yin und Yang und Wandlungsphasen oder Elementenlehre) sind sie miteinander verknüpft und ergänzen sich gegenseitig.

Schon während meiner Ausbildung in Akupunktur sprach mich die funktionelle Betrachtungsweise des Organismus, seiner Krankheiten und seiner Heilungsmöglichkeiten sehr an.
Wenn wir uns das System unserer Facharztaufteilung ansehen, so können wir feststellen, dass es für fast jedes menschliche Organ einen Spezialisten gibt, und manchmal hat man den Eindruck, dieser schaut nicht über die Grenzen seines Systems hinaus. Ein aufschlussreiches und anschauliches Beispiel erlebte ich als junger Mediziner in der Facharztausbildung zum Orthopäden. Mein Chefarzt wies mich an, einen Patienten, dem er am Vortage ein künstliches Hüftgelenk eingesetzt hatte, die Problematik seiner Herz-Kreislauf-Funktion zu erklären, die dem Anästhesisten bei der Operation einige Probleme bereitet hatte. Ich sagte daraufhin: »Herr Professor, der Patient hat mich schon danach gefragt, er wollte sein letztes EKG erläutert bekommen.«
»Und was haben Sie ihm gesagt?«, fragte der Chefarzt mit einem leichten Grinsen zurück.
»Dass ich von den Einzelheiten einer EKG-Interpretation als Orthopäde wenig Ahnung habe.«
Daraufhin meinte mein Professor: »So dürfen Sie das nicht ausdrücken! Sagen Sie statt ›Ich habe keine Ahnung‹ besser ›Dafür bin ich kein Spezialist.‹«
Dass ich als Orthopäde im zweiten Jahr der Facharztausbil-

dung von der Interpretation eines EKG wenig Ahnung hatte – seit dem Staatsexamen war einige Zeit vergangen – hielt ich damals für völlig normal. Ich befand mich damit in bester Gesellschaft vieler meiner Kollegen, westlich ausgebildeter Ärzte, denen die Fähigkeit und die Anerkennung der Notwendigkeit fehlten, über die Organgrenzen hinauszusehen. Als angehenden Orthopäden interessierten mich viel mehr und nahezu ausschließlich die Krankheiten am Binde- und Stützgewebe des Menschen.
Als ich dann das funktionelle Arbeiten und die grundlegenden Anschauungen der Traditionellen Chinesischen Medizin kennenlernte, fiel es mir wie Schuppen von den Augen, dass hier eine viel umfassendere Betrachtungsweise unter Einbeziehung der energetischen Disposition oder deren Störung angewendet wurde, und mein Blick wurde frei für die grenzenlose Behandlung meiner Patienten. Denn ist das nicht unsere Aufgabe? Grenzen zu überwinden – zum Wohle unserer Mitmenschen.

Patientenberichte II

Bevor ich zu weiteren Fallbeispielen aus meiner Praxis komme, möchte ich Ihnen zwei alte, aus China überlieferte Geschichten erzählen:

Glück oder Unglück

Ein alter Mann und sein Sohn bestellten gemeinsam ihren kleinen Hof. Sie hatten nur ein Pferd, das den Pflug zog.
Eines Tages lief das Pferd fort.
»Wie schrecklich«, sagten die Nachbarn, »welch ein Unglück!«
»Wer weiß«, erwiderte der alte Bauer, »ob Glück oder Unglück?«
Eine Woche später kehrte das Pferd aus den Bergen zurück. Es brachte fünf wilde Pferde mit in den Stall.
»Wie wunderbar«, sagten die Nachbarn, »welch ein Glück!«
»Glück oder Unglück? Wer weiß ...«, sagte der Alte.
Am nächsten Morgen wollte der Sohn eines der wilden Pferde zureiten. Er stürzte und brach sich ein Bein.
»Wie schrecklich. Welch ein Unglück!«, sagten die Nachbarn.

»Wer weiß«, erwiderte der alte Bauer. »Glück oder Unglück?«
Zwei Tage später kamen Soldaten ins Dorf und holten alle jungen Männer in den Krieg. Den Sohn des Bauern konnten sie nicht brauchen, darum blieb er als Einziger verschont.

Glück oder Unglück?

Um Neues zu lernen, müssen wir erst das Alte loslassen

Ein Professor wanderte weit in die Berge, um einen berühmten Zen-Mönch zu besuchen. Als der Professor ihn gefunden hatte, stellte er sich höflich vor, nannte seinen Namen und alle seine akademischen Titel und bat um Belehrung.
»Möchten Sie Tee?«, fragte der Mönch. »Ja, gern«, sagte der Professor.
Der alte Mönch schenkte Tee ein. Die Tasse war voll, aber der Mönch schenkte weiter ein, bis der Tee überfloss und über den Tisch auf den Boden tropfte.
»Genug!«, rief der Professor. »Sehen Sie nicht, dass die Tasse schon voll ist? Es geht nichts mehr hinein.«
Der Mönch antwortete: »Genau wie die Tasse sind auch Sie voll von Ihrem Wissen und Ihren Vorurteilen. Um Neues zu lernen, müssen Sie erst Ihren Geist leeren.«

Im Februar 2004 suchte mich eine Patientin auf, die sich schon nach der ersten Behandlung deutlich besser fühlte. Im Laufe der nächsten Monate schickte sie buchstäblich ihre Kinder und Kindeskinder zu mir, an allen gab es ihrer Meinung nach etwas zu heilen. Diese Patientin schrieb mir folgenden Brief:

»Im Januar 2004 sah ich Sie, Herr Dr. Bittscheidt, in der Sendung ›Sanfte Medizin‹, in der es um Heiler oder Geistheiler ging. Nach meinem Gefühl glaubte ich, ich möchte mich Ihnen anvertrauen, Sie könnten mir helfen. Zu meiner Überraschung praktizierten Sie auch ganz in meiner Nähe. Am 19. Februar hatte ich dann endlich den ersten Termin. Über meine Röntgenaufnahmen, die Sie sorgfältig betrachteten, kamen wir ins Gespräch.
Schon im Alter von 15 Jahren war der Hüftkopf aus der Pfanne meines rechten Hüftgelenkes geglitten, die Ärzte sprachen von luxiert. Die Situation wurde operativ versorgt. Es folgten noch mehrere Operationen in längeren Abständen. 1994 wurde mir dann auf dieser rechten Seite ein neues Hüftgelenk eingesetzt, eine Totalendoprothese – es war an der rechten Hüfte die sechste Operation. Zunächst waren die schlimmsten Schmerzen behoben. Dank meiner sehr tüchtigen Krankengymnastin, die mich intensiv nach Voyta neurophysiologisch behandelte, konnte ich mich schlecht und recht bewegen und meinen zwölfstündigen Arbeitstag hinter mich bringen. Dann aber fing auch die linke Hüfte an, mich sehr zu quälen. Der Orthopäde gab mir den dringenden Rat, mich auch für die linke Hüfte zur Operation anzumelden. Dagegen wehrte sich mein Gefühl, denn ich hatte

die Sorge, danach noch schlechter laufen zu können. Jedes Gelenk, jeder Wirbel peinigte mich inzwischen. Ich erlernte die Dorn-Methode, eine spezielle Art der Wirbelsäulengymnastik, die mich dann auf den Beinen hielt.

Dann kam es noch schlimmer: die Beine kribbelten hinauf bis zu den Hüften. Mein unterer Rücken, von der Taille an abwärts, schmerzte so sehr, dass ich mich kaum hinsetzen und wieder aufstehen konnte. Ich sollte zwar Rheumamittel nehmen, diese lehnte ich aber aus Angst vor einem Magengeschwür ab.

Schon nach meiner ersten Behandlung in Ihrer Praxis spürte ich auf der Liege eine gründliche, sehr positive Entspannung, die sich über die ganze folgende Woche hin weiter positiv bemerkbar machte. Schmerzen hatte ich nur an wenigen Tagen. Die zweite Behandlung, drei Wochen später, löste meine seit Jahren bestehenden Wirbelgelenksblockierungen, die oft im Rücken und bis zur Vorderseite des Körpers einen dolchartigen Schmerz verursachten, der nicht durch chiropraktische Maßnahmen und auch nicht von der Dorn-Therapie gelöst werden konnte.

Beim dritten Termin hatte ich das Gefühl, meine Rücken- und Bauchmuskeln würden wieder kräftiger. Sie, Herr Doktor, erklärten das so, dass durch das Aufheben der Blockierungen auch die Muskulatur wieder freier arbeiten könnte. Das Kribbeln in meinen Beinen war schließlich nur noch in den Füßen zu spüren. Auch konnte ich inzwischen viel besser sitzen und wieder aufstehen. Im Mai, bei der vierten Behandlung, spürte ich, dass sich eine depressive Verstimmung, die mich seit langem stark beeinträchtigt hatte, zu lösen begann.

Ich möchte Ihnen hiermit herzlich für Ihre Bemühungen danken und habe Ihnen diesen Brief geschrieben, falls Sie ihn einmal als ›Fallbericht‹ verwenden möchten.«

Am 30. September 2004 kam eine junge Frau im Alter von 23 Jahren in Begleitung ihrer Mutter in meine Praxis. Ein Jahr zuvor, so berichtete sie, sei bei ihr eine MS (multiple Sklerose) diagnostiziert worden. Sie habe damals lediglich ein Kribbeln in ihrer linken Körperhälfte mit Ausstrahlung in das linke Bein gespürt. Sie habe keine aktuellen Beschwerden, würde sich aber gerne behandeln lassen, um ein Fortschreiten der Krankheit nach Möglichkeit zu verhindern.

Auf die bereits geschilderte Art und Weise unseres Arbeitens führten Teresa und ich mit der jungen Frau, ich nenne sie Christine, eine Heilmeditation durch und wiederholten dies zwei Wochen später. Wenige Tage vor Weihnachten kam die Mutter von Christine überglücklich in die Praxis. Sie berichtete, Christine habe sich einer routinemäßigen neurologischen Untersuchung unterzogen. Der Neurologe habe keine Anzeichen mehr für das Vorliegen einer multiplen Sklerose gefunden, habe dieses Untersuchungsergebnis aber kernspintomographisch absichern lassen. Der Radiologe habe daraufhin eindeutig festgestellt, dass im Bereich des Rückenmarks keinerlei kernspintomographisch erkennbare Anzeichen für das weitere Bestehen einer MS nachweisbar seien. Das Glück der jungen Frau und auch ihrer Mutter hat unser ganzes Praxisteam beflügelt.

Ich möchte an dieser Stelle nicht unerwähnt lassen, dass auch MS-Patienten in meiner Praxis waren, denen ich nicht helfen konnte.

Im letzten Frühjahr suchte mich ein Ehepaar aus dem Oberallgäu auf. Der Mann hatte in den Jahren zuvor vergeblich versucht, einen Arzt oder eine Klinik zu finden, die ihm bei einer fortschreitenden Lungenfibrose helfen könnte (Lungenfibrose = langsame Umwandlung des Organgewebes der Lunge in nichtatmungsfähiges Bindegewebe). Ich behandelte den Patienten zweimal, wodurch sich seine Atembeschwerden linderten und er besser Luft bekam.

Nach der ersten Behandlung – es war an einem Samstagnachmittag, das Wartezimmer war noch voller Patienten – fragte das Ehepaar, ob sie mich bitten dürften, auch etwas für ihren jüngsten Sohn zu tun. Er sei 14 Jahre alt und leide seit zehn Monaten unter Krämpfen, deren Ursache man bisher in keiner Spezialklinik habe klären können. Sie seien mit dem Jungen bereits in Ravensburg, in Stuttgart und in München vorstellig geworden. Dort habe man ihnen nicht einmal eine Diagnose nennen können. Das Ehepaar fragte, ob ich mich im Sinne einer Fernheilung um den Jungen kümmern könne. Ich sagte ihnen, ich würde an den Jungen denken.

Zu meiner Schande muss ich gestehen, dass ich spätestens eine halbe Stunde nach diesem kurzen Gespräch in Anbetracht des Betriebes in der Praxis, der vielen Leute und der Anforderung an meine Konzentration, das kurze Gespräch mit den Eltern über ihren krampfenden Sohn vergessen hatte. Drei Wochen später standen die Eltern erneut vor mir und überreichten mir im Namen ihres Sohnes und seiner Geschwister ein Paket. Sie berichteten freudestrahlend, zwei Tage nach unserer letzten Begegnung habe der Junge das letzte Mal einen Krampfanfall gehabt, seitdem nie wieder. Die Kinder hätten mir daraufhin etwas gebastelt; das brachten mir die Eltern nun. Sie waren sehr dankbar für das, was ich für ihren Jungen getan hätte.

Über dieses Ereignis habe ich später oft nachgedacht. Es gibt mehrere Erklärungen dafür: Die erste Möglichkeit sehe ich darin, dass die Eltern mit großer Hoffnung nach Hause zurückgekehrt sind und sich diese positive Hoffnung auf ihren Sohn übertragen hat. Dadurch wurden die Selbstheilungskräfte des Jungen in Gang gesetzt. Die zweite Möglichkeit ist rein spiritueller Natur, ich halte sie aber für genauso wahrscheinlich wie die erste.
Es mag sein, dass meine guten Mächte, die mit schützender Hand meine Arbeit begleiten und in deren Auftrag ich heile, mir in diesem Fall die Arbeit abgenommen haben. Manchem mag diese Erklärung als ein Ausdruck kindlichen Glaubens erscheinen, aber wenn ein kindlicher Glaube zur Heilung führt, so kann ich gut damit leben. Und schließlich gilt auch hier der Satz, dass der, der heilt, Recht hat. Zumindest wird ihm vom Urteil der Menschen und vom Ausgang der Sache her Recht gegeben.

Im Herbst kam ein Elternpaar mit seinem damals dreijährigen Sohn Jan zu uns. Aufgrund eines Geburtstraumas hatte Jan erhebliche Bewegungs- und Koordinationsstörungen; er war sehr eingeschränkt kommunikativ und es war ausgesprochen schwer, seine Aufmerksamkeit zu wecken. Jan hielt sich mit beiden Händen an der Hand seiner Mutter fest, trug zwei Beinschienen zur Stabilisierung der Knie- und Sprunggelenke und nahm mit uns keinerlei Kontakt auf. Er konnte nur sehr eingeschränkt gehen und ließ sich von uns nicht ansprechen. Während Teresa geduldig versuchte, ein Gespräch mit ihm zu beginnen, legte ich Jan die Hände auf und sprach ein einfaches Gebet.
Beim zweiten Besuch berichtete die Mutter, die Bewegungstherapeutin, die Jan zweimal in der Woche behandle, sei

ausgesprochen erstaunt gewesen. Etwas in Jans Bewegungsverhalten habe sich verändert. Die Spastik sei zurückgegangen. Auch wirke Jan aufgeweckter und mitteilsamer. Bei dieser zweiten Stunde, die wir mit Jan verbrachten, gelang es uns, ein einfaches Gespräch mit ihm zu führen. Er lachte viel, erzählte von zu Hause und bot uns von seinen Gummibärchen an.
Beim dritten Besuch berichtete die Mutter, Jan habe in der Zwischenzeit mehrfach nach Teresa und mir gefragt. Er habe sich sehr auf den heutigen Tag und unsere Begegnung gefreut. Sein Bewegungsverhalten sei sprunghaft besser geworden. Inzwischen konnte Jan gehen, indem er sich nur noch mit einer Hand an seiner Mutter festhielt.
Bei der nächsten Behandlung schließlich erschien Jan ohne Beinschienen. Sein Laufen hatte sich weiter stabilisiert, die Spastik war kaum noch vorhanden. Er wirkte freudig und fast ein wenig ausgelassen. Er nannte Teresa und mich beim Namen. Von einer Therapie im medizinischen Sinne konnte hier eigentlich keine Rede sein. Ich glaube, es ging nur noch um reine Energie- und Informationsmedizin.
Inzwischen ist Jan siebenmal bei uns gewesen. Seine Mutter erzählte, die Krankengymnastin glaube inzwischen an ein Wunder. Sie selbst ist über die Entwicklung ihres kleinen Jungen natürlich hoch beglückt. Eigentlich, so sagte sie, verhalte er sich inzwischen wie ein normales gesundes Kind seines Alters.

Mit allen Anzeichen schwerer Rückenschmerzen und leicht nach vorne gebeugt betrat an einem Vormittag im November Roswitha S. meine Praxis. Rückenschmerzen hatte sie seit etwa zehn Jahren. Damals hatte eine Röntgenaufnahme ans Licht gebracht, dass der 5. Lendenwirbel um einen Zentimeter in Relation zum Kreuzbein nach vorne verschoben war. Dadurch war es zu Zerrungen an den unteren lumbalen Nervenwurzeln gekommen. Natürlich wies Roswitha in dem Bereich der Lendenwirbelgelenke und am Übergang von der Lendenwirbelsäule zum Kreuzbein einen starken Verschleiß der Wirbelgelenke auf. Nachdem sie mehrere Jahre lang nach allen möglichen und bekannten Regeln der Kunst behandelt worden war, hatte man sie nach einer über ein Jahr dauernden Arbeitsunfähigkeit zunächst auf Zeit berentet. Von Beruf war Roswitha OP-Schwester. Ihre Tätigkeit hatte ihr immer sehr viel Spaß gemacht. Nicht mehr im Krankenhaus und vor allem nicht mehr in einem guten OP-Team arbeiten zu können, bedeutete für sie eine schwere Einbuße ihrer Lebensqualität.

Über die persönlichen Lebenseinschränkungen hinaus gab es auch familiäre Probleme insofern, als Roswithas Familie im Allgäu ansässig war. Aufgrund ihrer Rückenschmerzen war es Roswitha nicht möglich, mit Auto oder Zug eine so weite Reise (ca. 600 km) auf sich zu nehmen. Seit Jahren hatte sie ihre Familie nicht mehr gesehen. Diese Isolation empfand Roswitha neben den ständigen Schmerzen als das Schlimmste an ihrer Krankheit.

Unsere Behandlung schlug bestens an: Die Besserung des Beschwerdebildes und der körperlichen Symptome machte sehr gute Fortschritte. Nach der sechsten Behandlung sagte Roswitha, sie könne erst in drei Wochen wieder kommen; warum, sagte sie nicht. Als sie nach drei Wochen erschien, berichtete sie stolz, sie habe eine Reise ins Allgäu unternommen und sei dort überraschend bei einer Hochzeitsfeier in ihrer Familie aufgetaucht. Anschließend blieb sie noch zwölf Tage, »und stellen Sie sich vor, ich bin gewandert fast wie in alten Zeiten!«

Roswitha S. ist mittlerweile an ihre Rentenversicherung herangetreten und hat erreicht, dass sie – zunächst nur stundenweise – wieder arbeiten darf. Ihr Traum ist natürlich, dass sie ihren Beruf als OP-Schwester bald wieder ausüben kann.

Viele Patienten suchen uns wegen einer Hepatitis-C-Infektion auf, seitdem ich in einer Fernsehsendung von meiner eigenen Geschichte berichtete: wie ich über die Hepatitiserkrankung zum Heilen kam. Es gelingt uns in den meisten dieser Fälle zumindest die relevanten Laborwerte wesentlich zu verbessern und das sehr oft stark beeinträchtigte Allgemeinbefinden der Patienten weitgehend zu normalisieren und ihnen zu ihrer früheren Leistungsfähigkeit zurückzuhelfen sowie ihre Lebensfreude anzuregen.

Ich lernte eine Ärztin für Psychiatrie und Psychotherapie kennen, die sich weitgehend auf energetische Heilweisen, also aufs »Heilen« spezialisiert hatte. Als ich sie fragte, warum sie diesen Wechsel in ihrer Arbeitsweise vorgenommen habe, sagte sie, das, was sie früher in einem Jahr Psychotherapie erreicht habe, könne sie heute oft in wenigen Heilmeditationen erreichen. Überhaupt schienen gerade depressive Verstimmungen und tief sitzende Depressionen und Angstzustände besonders gut aufs Heilen anzusprechen, was ich aus meiner Praxis absolut bestätigen kann. Viele Patienten suchten sie deswegen auf und dass es ständig mehr werden, zeige ihr, dass der überwiegende Teil der Patienten mit dem Behandlungserfolg zufrieden sei.

Das Modell
der liebenden Zuwendung

Wenn Sie nicht bereit sind,
sich für alles,
für wirklich alles, was in Ihrem Leben geschieht,
verantwortlich zu fühlen,
dann werden Sie keine Fortschritte machen.
(N. N.)

Zuwendung und Glaube

Der berühmte britische Heiler Harry Edwards arbeitete in England 40 Jahre seines Lebens als Geistheiler und wurde jährlich von Tausenden von Kranken aufgesucht. Im Vorwort seines Buches »Praxis der Geistheilung« schrieb Edwards:

> *»Die Gabe zu Heilen ist von Gott verliehen und allen denjenigen angeboren, die von Liebe und Hilfsbereitschaft für Kranke und Leidende beseelt sind.«*

Nach Edwards Meinung ist Heilen eine Naturgabe, und die Voraussetzung ist ein tiefes und aufrichtiges Mitgefühl für Kranke und Schmerzleidende.

»Praxis der Geistheilung« erschien 1974. In dieser Zeit wussten wir noch nicht so viel wie heute über energetisch-informative Aspekte des Geistigen Heilens. Quantenphysikalische Grundlagen, die beim Heilen eine Rolle spielen, hatten sich damals in Heilerkreisen kaum herumgesprochen. Die Grundlagen von »Liebe und Hilfsbereitschaft für Kranke und Leidende«, die Edwards beschrieb, waren die tragenden Säulen über alle biophysikalischen Erklärungsmodelle des Heilens hinaus.

Dennoch bin ich der Meinung, dass wir es uns vielleicht etwas zu leicht machen, wenn wir behaupten, Christus als der Sohn Gottes habe uns mit seinem Heilauftrag ausgestattet (Mt 10,8; Lk 10,9; Apg 5). Auch wenn wir ausführen, dass wir mit universeller, kosmischer oder göttlicher Energie heilen, sind wir in unseren Erklärungen noch recht vage im Bezug auf den göttlichen Heilauftrag. Sicherlich drücken wir uns verständlicher aus mit der Erläuterung der göttlichen Gaben an die Menschen, wie sie im 1. Brief an die Korinther (12,6–11) zu lesen ist:

> *»Es gibt verschiedene Kräfte, die wirken, aber nur den einen Gott. Er bewirkt alles in allem. Jedem aber wird die Offenbarung des Geistes geschenkt, damit sie anderen nützt. Dem einen wird vom Geist die Gabe geschenkt, Weisheit mitzuteilen, dem anderen durch den gleichen Geist die Gabe, Erkenntnis zu vermitteln, dem dritten im gleichen Geist Glaubenskraft, einem anderen – immer in dem einen Geist – die Gabe, Krankheiten zu heilen, einem anderen werden Wunderkräfte geschenkt ... Das alles bewirkt ein und derselbe Geist; einem jeden teilt er seine besondere Gabe so zu, wie er will.«*

Wir finden die uns verliehene Kraft zu heilen also in uns selbst; dorthin und zu unserer liebenden Verfügung ist sie uns durch die »Offenbarung des Geistes« geschenkt worden.

Im übertragenen Sinn können wir dazu auch Augustinus (354–430) verstehen:

»Gehe nicht nach außen, kehre in dich selbst zurück, im inneren Menschen wohnt die Wahrheit.«

Geistige Heiler müssen diese Mitte des Menschen erreichen, damit Heilung geschehen kann. Sie müssen die Ebene des Materiellen, Greifbaren verlassen und aus der Polarität von Raum und Zeit in die Einheit des Mittelpunktes finden. In der Mitte des Menschen geschieht der Wechsel in eine neue Dimension, und das gilt nicht nur für Atome und Quanten, sondern, wie Roland R. Ropers formulierte, »auch für die Zelle und den ganzen Menschen, die Erde und letztlich wohl auch für das Universum«.

Es ist meine eigene Erfahrung und die Erfahrung vieler meiner Patienten, dass Heilung tatsächlich jenseits von Raum und Zeit stattfindet. Ein guter Heiler hält die Zeit an. Wenn die zeitliche Komponente aufgehoben wird, öffnet sich das Fenster zu den kosmischen, den göttlichen Kräften, die Leben und Gesundheit spenden.

Heilung bedarf dieser Kräfte! Viele Krankheiten reichen in die innersten Schichten unserer körperlichen Existenz hinab, wo wir sie als körperlichen, geistigen oder auch spirituellen Mangel erleben. Zentraler Bestandteil unserer Spiritualität ist die Liebe, gerade wenn es um Dankbarkeit, Vergebung, Angenommen- und Aufgehobensein, liebende Zuwendung, ein erweitertes Verständnis unserer menschlichen Existenz und um Aussöhnung mit Gott, unseren Mitmenschen und unserem eigenen Ich geht. Erst unter Einbeziehung aller Facetten der menschlichen Natur werden für mich als Arzt Heilerfolge erklärbar, die ich früher als Wunderheilung bezeichnet hätte.

Oder wie sollen wir es nennen, wenn eine Migräne nach 40 Jahren von einer auf die andere Stunde verschwindet?

Wenn Krebsmetastasen sich in Luft aufgelöst haben nach zwei spirituell-energetischen Behandlungen? Wenn eine Patientin nach der ersten Heilmeditation ihren »Schiefhals«, der seit drei Jahren bestand, mit einer nahezu fixierten Drehung des Kopfes um 80 Grad, wieder so bewegt, dass der Kopf gerade steht?
Wenn eine sogar endoskopisch nachgewiesene Speiseröhrenverengung plötzlich nicht mehr sichtbar ist und der Patient wieder feste Nahrung zu sich nehmen kann, von einem Tag auf den anderen? Oder wenn eine Patientin nach der ersten Heilmeditation eine Woche lang von tiefem Traurigsein ergriffen ist und sich dann nicht nur die Trauer auflöst, sondern auch die heftigen, chronischen Rückenschmerzen verschwinden, die die Patientin fünf Jahre lang quälten?

All dieses Erleben lehrte mich: Die Heilung vollzieht sich nicht dort, wo Symptome der Krankheit verschwinden, sondern dort, wo Friede, Vergebung und Liebe in unsere Herzen einkehren. Ich nenne diesen Bereich: »Am Grunde des eigenen Herzens«, »Am Grunde meines Lebens«, »In der Mitte meiner Seele«. Sie wissen bestimmt, was ich meine, wenn ich von der Mitte spreche, die in jedem von uns liegt.
Vielleicht denken Sie jetzt, ich spreche vom »göttlichen Funken« in uns. Das tue ich nicht. Ich glaube nicht, dass ich einen göttlichen Funken in mir trage.
Ich glaube, dass ein Teil meiner Seele ständig, auch vor und nach diesem Leben, bei Gott sein darf. Im tiefsten Sinne ist das für mich die »Mitte«, aus der ich meine Heilarbeit verrichte. Dieser Kontext ist wohl unendlich viel wichtiger als alles, was ich über Medizin, über Krankheiten und über ihre Behandlungen je gelernt habe.

Ich selbst habe Heilung von einer Krankheit erfahren, an der sich die uns geläufige Medizin vergeblich versucht hatte. Ich habe dabei erfahren, wie die Zeit sich auflöste, scheinbar nicht mehr existierte, wie ich durch Räume und Zeiten wandelte – Wanderungen von einem Leben ins andere oder von einer Welt in eine andere. Mein Heiler legte mir die Hände auf, es war 13.30 Uhr. Nach einer inneren Reise erwachte ich. Meinem Empfinden nach waren 45 Minuten vergangen. Ich fragte nach der Uhrzeit, denn ich wollte meinen Intercity nicht versäumen.
»Wann fährt der Zug denn?«, fragte der Heiler.
»Um 15.25 Uhr«, antwortete ich.
»Sie müssen wohl einen späteren Zug nehmen«, erwiderte der Heiler, »es ist bereits 18.00 Uhr.«
Das waren meine ersten kleinen Erfahrungen mit der anderen Dimension, in die wir beim Heilen oder beim Geheiltwerden eintreten. Es kamen viele Erfahrungen hinzu aufgrund meiner eigenen Entwicklung und aufgrund der Erlebnisse mit den Menschen, die zu mir kamen. Inzwischen bin ich, nach einer Reihe von Jahren, zu der Überzeugung gelangt, dass Erfahrungen und Ideen, die den Rahmen der konventionellen Wissenschaft sprengen, wichtig sind für die Zukunft unserer Erde und der Menschen, die darauf leben. Ohne diese Ideen ermüden Geist und Leidenschaft, sterben Wille und Tat, ist unsere Zukunft gefährdet.

Im Neuen Testament der Bibel finden wir folgende Geschichte (Mk 5, 21–34):

Jesus befand sich auf dem Weg zum Hause des Synagogenvorstehers Jairos, der ihn dringend gebeten hatte, seiner kleinen Tochter, die im Sterben lag, die Hände aufzulegen. Viele Menschen drängten sich hinter Jesus, denn sie wollten den berühmten Wunderheiler und sein Wirken sehen. Unter den Menschen war eine Frau, die seit zwölf Jahren an Blutungen litt und die von vielen Ärzten viel ausgestanden und auch ihr ganzes Vermögen aufgebraucht hatte, ohne dass es ihr etwas geholfen hätte. Nun kam sie in der Menge von hinten an Jesus heran und berührte sein Gewand und dachte dabei, dass sie schon nur durch diese Berührung Heilung finden könne. Augenblicklich hörte die Blutung auf. Die Frau fühlte, dass sie von der Plage befreit war. Jesus spürte sofort, dass eine Kraft von ihm ausgegangen war. Er drehte sich in der Volksmenge um und fragte: »Wer hat mein Gewand berührt?«

Seine Freunde erwiderten ihm: »Meister, wir sind hier mitten im Gedränge und du fragst, wer dich berührt hat?«

Jesus sah sich noch immer um, da kam die Frau voller Angst und Zittern im Bewusstsein dessen, was ihr geschehen war, fiel vor ihm nieder und gestand ihm die ganze Wahrheit. Jesus sagte: »Meine Tochter, dein Glaube hat dich geheilt. Gehe hin in Frieden und sei von deiner Plage befreit.«

Alle Erklärungsmodelle, die wir bisher für den spirituellen Aspekt Geistigen Heilens haben, finden nirgendwo sonst so eindeutig Ursprung und Lösung wie in dieser Geschichte.

Der Kern dieser Begegnung liegt in der Aussage: »Jesus spürte sofort, dass eine Kraft von ihm ausgegangen war.« Von welcher Kraft ist hier die Rede? Meinte Jesus »Energie«, von der wir heute so oft im Zusammenhang mit heilender

Kraft sprechen? Um diese Frage zu beantworten, bediene ich mich der Beratung durch meinen Jugendfreund und »Haustheologen«, Prof. Medard Kehl.
Im griechischen Urtext des Neuen Testamentes ist diese Kraft als dynamis bezeichnet. Dynamis ist reserviert für die lebensspendende und heilende Kraft Gottes. Gott ist der Logos, die Vernunft, der Plan der Schöpfung. Christus ist der Mensch gewordene Logos. Ihm stand die Heilkraft seines Vaters zur Verfügung, dessen heilende und lebensspendende Kraft; und es drängte ihn, diese Kraft den Menschen zukommen zu lassen. So heilte er und weckte Tote auf.
Gott steht nach Thomas von Aquin (S. th. I, 11 – 3 und 4) über allem anderen Sein: Er ist ungeschaffen, ewig, absolut notwendig, vollkommen und er ist lebendiger Geist. Gott ist die Fülle des Seins, der Inbegriff aller Vollkommenheit; Gott ist die Kraft aller Kräfte, das Leben allen Lebens, das Dasein allen Daseins, die Form aller Formen.

Bei Medard Kehl lesen wir, was Gott *nicht* ist, und das hat, so meine ich, für die heutige Heilerszene einen nachhaltigen Bezug:

> *»Gott ist kein außerirdisches, geistig-unsichtbares Wesen, das irgendwo in den Tiefen des Weltalls, jenseits der Grenzen unseres Kosmos wohnt, das von dort aus alles überblickt und beherrscht, Gott ist nicht die letzte Tiefendimension unserer Seele, unseres Geistes oder unseres gesamten Kosmos, welche wir bei genügend intensivem (psychologischem, philosophischem, naturwissenschaftlichem oder meditativ-religiösem) Nach-innen-Schauen entdecken und dabei als die höchste Qualität aller Dinge ausmachen können, Gott gehört nicht in die*

Zusammenhänge unserer Wirklichkeit, die wir mit unseren Sinnen und unserem Verstand begreifen können, Gott ist für uns schließlich überhaupt keine Eigenschaft, kein Zustand und kein Teil unserer weltlichen Wirklichkeit. Aber Gott ist Liebe, die ›auf der Suche nach dem Verlorenen‹ ist. Gott ist die Liebe, deren Reich unter den Armen angebrochen ist.«

An dieser Stelle fällt mir ein Patient ein, ein gepflegter Herr von ca. 50 Jahren, dem man gewiss nicht ansah, dass er sich von einem Heiler behandeln ließ. Er legte sich auf die Untersuchungsliege und sagte: »Ich bin völlig fertig. Meine Bronchitis dauert schon Wochen, meine Rückenschmerzen nerven mich seit Monaten, und ich bin nur noch in einer einzigen Hetze. In drei Tagen muss ich einen Vortrag in Brüssel halten. Und jetzt erzählte mir ein Bekannter, dass Sie anders behandeln. Bitte tun Sie etwas für mich.«
»Sind Sie ein gläubiger Mensch?«
»Ich gehe in keine Kirche, aber ich glaube an Gott über meinem Leben.«
Dieser Patient schickte mir eine Ansichtskarte aus Brüssel: »Sie haben mich nicht nur behandelt, Sie haben mich völlig verändert – oder Gott, von dem Sie kurz gesprochen haben, als ich auf Ihrer Liege lag. Darf ich wiederkommen?«
So ergibt sich für uns Heiler, die ihre Arbeit im göttlichen Auftrag tun, ein neues Modell für die spirituelle Seite Geistigen Heilens. Nach dem energetischen Modell und dem Informationsmodell möchte ich es nennen:

Das Modell der liebenden Zuwendung

Gott ist der Logos, der Plan, die Vernunft, die Kraft der Schöpfung. Als Schöpfer hat er lebensspendende und heilende Kraft.

Jesus Christus ist der Mensch gewordene Logos, der Sohn Gottes. Als Sohn Gottes verfügt er über die heilende und lebensspendende Kraft seines Vaters, und es drängt ihn, in göttlicher Liebe diese Kraft bei den Menschen wirksam werden zu lassen.

Er beauftragt seine Jünger, zu den Menschen zu gehen und in Seiner Nachfolge die göttliche heilende Kraft bei den Menschen anzuwenden und wirksam werden zu lassen. In Seinem Auftrag sollen sie Krankheiten heilen und böse Geister austreiben.

Der so ermächtigte Heiler befindet sich in Resonanz zur göttlichen Liebe und zur göttlichen Ordnung des Logos; er überträgt deren Prinzipien in liebender Zuwendung auf die Patienten. Aus dem Chaos der Krankheit kann Ordnung entstehen als Ausdruck des Heilwerdens im Sinne Gottes.

Heilen kann demnach, wer sich in Resonanz zur göttlichen Liebe befindet. Wer selbst nicht zur Liebe fähig ist, der kann nicht in Resonanz zum Logos treten, der kann die göttliche Kraft zum Heilen nicht wirksam werden lassen. Was heilt, ist Gottes Heilkraft, mit deren Anwendung Jesus Heiler beauftragt. Grundlage dafür, mit seiner Heilkraft arbeiten zu können, ist die Liebe zwischen Gott und den Menschen.

Die Bibel erzählt uns das Gleichnis vom verlorenen Sohn. Die Exegeten halten es für eine zentrale Botschaft Jesu, des Mensch gewordenen Logos. Die meisten von uns kennen diese Geschichte. Man findet sie bei Lk 15, 11–32:

Ein Vater hat zwei Söhne. Der Jüngere lässt sich seinen Erbteil geben und geht in die Fremde. Er führt ein lasterhaftes Leben, verschleudert sein Vermögen, steigt sozial immer mehr ab. Schließlich arbeitet er als Schweinehirt. Am Grunde seines Lebens angekommen und nachdem er alles verloren hat, sagt er sich: »Ich will zu meinem Vater gehen.« Der Vater sieht ihn von weitem kommen, hat Mitleid mit ihm, läuft ihm entgegen, umarmt und küsst ihn. Er steckt ihm einen Ring an die Hand und Schuhe an die Füße und lässt ein großes Fest feiern, denn: »Mein Sohn war tot und lebt wieder; er war verloren und ist wieder gefunden worden.«

Für mich ist dies eines der stärksten und tröstlichsten Bibelworte überhaupt:

»Ich will zu meinem Vater gehen.«

Dieser Satz steht für Kapitulation, er steht am Ende des Scheiterns. Er steht für einen durch und durch misslungenen Lebensentwurf. Er steht aber auch für Vertrauen über alle Vernunft hinaus. Er steht für den Glauben des Menschen an einen Gott, der liebend auf der Suche nach dem Verlorenen ist. Und er steht für die Bereitschaft und die Hoffnung des Menschen, sich auf Heilung einzulassen: Ich will zu meinem Vater gehen, denn ich habe mich restlos überfordert – bis zum Verlust meiner Gesundheit. Ich will zu meinem Vater gehen, denn meine Ahnung von Spiritualität ist mir zwischen den Fingern zerronnen. Ich habe mich allein um das Materielle gekümmert und nicht erkannt, dass dabei meine Seele krank wurde. Ich habe immer nur gefordert und weder gegeben noch vergeben. Nun kann ich das alles nicht mehr tragen. Die ganze Last ist mir zu schwer geworden. Ich sehe keinen Sinn mehr. Ich habe noch nie in meinem Leben so viel erreicht und hatte noch nie so wenig in der Hand.

Ein Heiler steht zwischen der Liebe und dem Auftrag Gottes einerseits und seiner eigenen liebenden Zuwendung zu Menschsein, Krankheit, Leid und Schmerz andererseits. Diese Zuwendung in göttlichem Auftrag ist mehr als Behandeln von Symptomen, ist mehr als die Anwendung moderner therapeutischer Prinzipien im somatischen, psychosomatischen und psychischen Bereich. Wird ein Arzt oder Heilpraktiker oder Angehöriger eines anderen konventionellen Heilberufes darüber hinaus zum Heiler, so wird sich Anwendungsmedizin zur Zuwendungsmedizin wandeln. Das ganze System konventioneller Diagnostik und Therapie kann sich verbinden mit der liebenden Zuwendung des Heilers, die in Resonanz mit der göttlichen Liebe in die »Mitte« des Menschen, auf den Grund seines Herzens, zum Grund seines Lebens findet und dort Heilwerden in körperlichem, geistigem und spirituellem Sinne in Gang setzt und, sofern die Selbstheilungskräfte des Patienten aktiviert sind, auch vollendet. Die gleichen Möglichkeiten eröffnen wir der Effektivität unserer konventionellen Therapieprinzipien, wenn auf breiter Ebene Ärzte und Heilpraktiker mit guten Heilern zusammenarbeiten.

Im Sinne unserer Kranken, Erschöpften und vom Leben Enttäuschten darf es keinen Wettstreit geben zwischen Anwendungsmedizin und Zuwendungsmedizin, sondern es muss zu einem Miteinander kommen im Kampf gegen Krankheit, Leid, Schmerz und Trauer. Wenn Ärzte nicht gegen spirituelle Heiler und Heiler nicht gegen Ärzte stehen, dann gehen modernste medizinische Forschung und liebende menschliche Zuwendung Hand in Hand bei der Ausübung einer im besten Sinne ganzheitlichen Medizin. Betrachte ich die beiden Säulen, auf denen eine solch ganzheitliche Medizin ruht, nämlich einerseits die aktuellste naturwissenschaftliche Forschung und andererseits die tiefe Spiritualität von Menschen mit einem liebenden Herzen, dann sehe ich für die Zukunft ein Gesundheitssystem, das es in der neueren Geschichte der Menschheit bisher nicht gegeben hat. Die Patienten in diesem System werden lernen, dass eine Fülle von Behandlungen nicht eine Fülle von Gesundheit garantiert, und so werden die Ansprüche an das System realistisch, im gleichen Maße wie das Verständnis für wirkliches Heilwerden wächst. Wir werden erkennen, dass Heilwerden in unserer Mitte, am Grunde unseres Herzens und unseres Wesens beginnt, dort eben, wo liebende Zuwendung uns hinführt. Von hier aus werden sich unsere Selbstheilungskräfte erneuern und aufbauen können, und überall, wo es notwendig erscheint, wird konventionelle Medizin nach den neuesten wissenschaftlichen Standards ihre Mittel im Sinne einer wirklichen Heilung beisteuern.

Die Geschichte hat oft gezeigt, zu welch großen Leistungen Menschen fähig sind, wenn sie mit heilsamen Kräften an der Verwirklichung eines gemeinsamen Zieles arbeiten. Übertragen wir diese Erfahrung auf die Schaffung eines ganzheitlich ausgerichteten Gesundheitssystems, das spirituelle Bedürfnisse berücksichtigt, dann werden wir ein »Heilsein« erleben, das weit über unseren Gesundheitszustand hinausgeht. Dieses Heilsein wird unser Denken verwandeln. Es wird für das Heilsein der Erde und des Kosmos neue Maßstäbe setzen.

Eine neue Einstellung zur Krankheit

Bereits Carl-Friedrich von Weizsäcker hat es den Vertretern einer konservativen Medizin ins Stammbuch geschrieben:

»In der Medizin sind die bisher radikalen Änderungen, die in der Naturwissenschaft durch die Quantentheorie als Grundpfeiler der modernen Physik erzwungen wurden, zu wenig beachtet worden [...] Wenn bereits in der Naturwissenschaft eine Überwindung des Dualismus von Subjekt und Objekt erforderlich ist, bedeutet dies für den Arzt eine große Ermutigung, auch in seiner Wissenschaft und seinem Beruf zum Teil noch bestehende alte Denkstrukturen einer strikten Trennung von Subjekt und Objekt (= Geist und Materie, d. Verf.) zu überwinden.«

Thorwald Dethlefsen und Rüdiger Dahlke schreiben im Vorwort zu ihrem Buch »Krankheit als Weg«:

»Dieses Buch ist unbequem, denn es entzieht dem Menschen die Krankheit als Alibi für seine ungelösten Probleme. Wir wollen zeigen, dass der Kranke nicht unschuldiges Opfer irgendwelcher Unvollkommenheiten der Natur, sondern auch der Täter selbst ist. Dabei denken wir nicht an Schadstoffe der Umwelt, Zivilisation, ungesundes Leben oder ähnliche bekannte ›Schuldige‹, sondern wir möchten den metaphysischen Aspekt des Krankseins in den Vordergrund rücken. Symptome zei-

gen sich unter diesem Blickwinkel als körperliche Ausdrucksformen psychischer Konflikte und sind durch ihre Symbolik in der Lage, das jeweilige Problem des Patienten zu entlarven.«

Dr. E. Huber war ab 1987 Präsident der Berliner Ärztekammer und organisierte die »Andere Medizin« in Deutschland mit.
Nach H. Wiesendanger ist Dr. Huber bei Vertretern der orthodoxen Medizinausübung gefürchtet wegen seiner zutreffenden Vorwürfe gegen eine überkommene Standespolitik und eine patientenfeindliche Pharmaindustrie. Anfang 1999 gründete Dr. Huber die »Aktion Gesundheit – Berliner Bündnis für ein menschliches Gesundheitswesen«. Nach seinen Vorstellungen soll dieses Bündnis zu einem überregionalen Netzwerk von Ärzten und anderen freiberuflich Tätigen sowie von Patienten ausgebaut werden. Dr. E. Huber spricht sich entschieden für die Einbeziehung Geistigen Heilens in die Medizin aus. In seinem Vortrag »Heilung im Kommunikationszeitalter«, gehalten 1998 auf dem Weltkongress für Geistiges Heilen in Basel, sagte er:

»Das Maschinenbild vom Leben – die Vorstellung also, dass Menschen wie komplexe Uhrwerke funktionieren, die bei Defekten repariert werden können – hilft nicht weiter, wenn die Krankheiten der heutigen Zeit bekämpft werden sollen. Die Angst nimmt auch zu, wenn das soziale Bindegewebe zu brechen droht. Wir können Angst mit Herzkathetern bekriegen, sie verschwindet vielleicht, aber sicherlich nicht auf Dauer, denn der Herzkatheter löst nicht das zugrunde liegende Problem. Für die Medizin geht es heute darum, die Kultur des Helfens und

Heilens wieder wichtiger zu nehmen als die Strukturen des Gesundheitssystems.«

W. Jäger, Benediktiner und Zen-Meister, der seit zwölf Jahren Trainingskurse für Kontemplation und Zen in Deutschland, dem europäischen Ausland und den USA hält, bewegt das große Anliegen, die vergessene Tradition der Mystik wieder in das menschliche Bewusstsein zu bringen und mit Leben zu erfüllen. In seinem Buch »Suche nach der Wahrheit« zeigt er Lösungswege für den heutigen Menschen auf, die das alte Weltbild überschreiten und eine neue Weltsicht und ein neues Menschenbild vermitteln. Er setzt sich für einen Weg der Menschheit in das Innen ein, für eine Transformation zur Überwindung der gegenwärtigen Krisen des Lebens. Er weist die Richtung zu einer Welt, in der sich eine neue Werteordnung, ein neues Bewusstsein, Friede und Liebe verwirklichen. Diese Welt- und Menschensicht berührt natürlich auch zentral unser Verständnis von Krankheit und jeder Art von medizinischer und psychotherapeutischer Behandlung. Auf den Weg aus der Krankheit heraus werden wir geführt über die Konfrontation mit dem Sinn unseres Lebens, weil dort im Kontext von Naturwissenschaft und Spiritualität in den tiefsten Schichten unserer Existenz alles liegt, was wir zur Heilung und zum Wachstum bedürfen.
Wir werden krank, wenn wir falsche oder mangelhafte Nahrung zu uns nehmen. Wir werden krank, wenn wir vergiftete Luft atmen. Wir werden krank, wenn wir ständigem Druck, ständigem Schmerz, Leid oder Angst ausgesetzt sind. Wir werden nicht nur krank, wenn uns Hoffnung fehlt, wenn uns ein Lebensziel oder eine Lebensaufgabe fehlt, wir werden auch krank, wenn uns die spirituelle Nahrung fehlt, wenn wir den Kontakt zu unserer göttlichen Herkunft ver-

loren haben. Wir können mit dem letztgenannten Mangel wohl länger leben als mit manch anderem Mangel, den wir möglicherweise unmittelbarer spüren. Wir können nicht weglaufen vor den Folgen, ohne spirituelle Nahrung gelebt zu haben. Und hierzu gibt es nur ein Heilmittel, das von den Weisen aller großen Kulturen empfohlen wurde und wird: die Wende des Menschen nach innen. Die Besinnung auf die eigenen Wurzeln, auf den Sinn des Lebens.
Sinn des Lebens ist nicht gleich Glück im Leben. Der Sinn des Lebens enthält zwar häufig einige Aspekte auf der materiellen Ebene – solche, die gern mit Glück verwechselt werden –, reicht jedoch noch viel tiefer. Er bedeutet Wachstum und Reifung in der Entwicklung unserer menschlichen Existenz, bedeutet einen Lebensinhalt, für den es sich wirklich zu leben lohnt, bedeutet manchmal auch Leid, Krankheit und Scheitern akzeptieren zu lernen. Jeder weiß wohl selbst am besten, was für ihn den Sinn seines Lebens ausmacht.

Auch Ärzte und Heiler brauchen den neuen Weg nach innen. Hier erwächst die Verwandlung vom medizinischen Dienstleister zum Heilenden und Helfenden. Von dort kommt eine neu entdeckte und zugleich uralte Ethik unserer heilenden Berufe. Die Ethik der Heilenden für die Zukunft wird also im Innersten unseres Wesensgrundes beheimatet sein und damit auf der Einheit allen Seins in der transpersonalen Bewusstseinsebene gründen. Diese Ebene ist ein Energiefeld, das uns umgibt und das alles Individuelle enthält, das einmal war, ist und sein wird. Damit überspannt es Raum und Zeit unseres Lebens. Von hier erwachsen uns Ärzten und allen anderen Heilenden Liebe, Toleranz und Mitgefühl gegenüber allen Hilfesuchenden als Grundlage für unser verantwortliches Handeln in unseren Berufen. Mit diesen Voraussetzungen werden wir fähig sein, unsere Mitmenschen durch die ganzheitliche Heilung zu einer neuen, nicht nur gesunden, sondern auch sinnerfüllten Erfahrung zu führen. Wenn wir diese Erkenntnisse auf die Anwendbarkeit in neuen Strukturen unseres Gesundheitssystems übertragen, dann entwickelt sich in den Wissenschaften der Heilkunde eine »Relativitätstheorie der Medizin« (E. Huber), denn es ist mit einer Umwälzung zu rechnen, welche die Medizin ebenso verändern wird wie Einsteins Relativitätstheorie die Physik veränderte.

Wir können Schmerzen mit Tabletten bekämpfen oder mit einer Veränderung des individuellen Lebensglücks oder sogar des Lebenssinns. Viele Menschen leben aus Unwissenheit in Verhältnissen, die auf medizinischer Ebene einer Reparatur- und Dienstleistungsfirma gleichen. Magengeschwüre, Bluthochdruck, rheumatische Erkrankungen und Depressionen werden als Krankheit an sich und nicht als aus einer tieferen Schicht kommende Symptome aufgefasst.
Das abgewandelte Sprichwort »Den Körper beißen die Hunde« sagt sehr treffend, wo Krankheit und wo Symptome liegen; wer als Letzter in der Kette eine Sache ausbaden muss, den beißen die Hunde, der wird krank. Der Körper zeigt lediglich die *Symptome*, weitaus seltener ist er *Sitz* der Krankheit. Unsere Aufgabe ist es, unsere Patienten über diese Zusammenhänge aufzuklären und sie nicht allein zu lassen in einem Reparatur- und Dienstleistungsbetrieb, in dem der Mensch nur noch in seinen Funktionen überprüft und beachtet wird.

Wir, Ärzte und Heiler, Therapeuten aus verschiedensten Richtungen, die wir an unterschiedlichen Stellen unseres Gesundheitssystems arbeiten, kurieren häufig aneinander vorbei. Wir teilen den Organismus in Organe ein und halten uns als Spezialisten viel zu oft an die Organgrenzen, die uns unser Fachgebiet vorzugeben scheint. Wir reparieren komplizierte Mehrfachverletzungen und überlassen die so wichtige Nachbehandlung Physiotherapeuten, von deren Arbeitsweise wir oftmals wenig Ahnung haben. Wir schicken Patienten zum Psychotherapeuten, weil wir ihren Schmerzen nicht beikommen und ihnen deshalb glauben eröffnen zu müssen, ihre Krankheit sei psychisch bedingt. Und welcher niedergelassene Arzt weiß denn, wie in einer guten multifunktionalen Rehabilitationsklinik gearbeitet wird? Und welcher Rehabilitationsarzt weiß von dem starken wirtschaftlichen Druck, dem der niedergelassene Arzt von verschiedenen Seiten aus täglich ausgesetzt ist?

Nicht nur die Krankheiten werden viel zu oft in ihrer Peripherie statt an der Wurzel behandelt. Der periphere Einstieg bestimmt unser ärztliches und sogar unser medizinpolitisches Denken. Deshalb sind auch alle Gesundheitsreformen der letzten 10 bis 15 Jahre Reformen der Peripherie und nicht der Wurzel gewesen.
In allen Bereichen unseres Staates sehen wir Politiker, die die Wertevorstellungen breiter Bevölkerungsschichten repräsentieren, die dieselben moralischen und kulturellen Maßstäbe haben wie die Menschen, von denen sie gewählt wurden. So wird unser Gesundheitssystem sich erst ändern, wenn alle, die Kranken und ihre Ärzte und Therapeuten, den Weg zum ganzheitlichen Heilen angetreten haben.
Ich glaube nicht, dass hier nur Parteipolitiker oder im spezi-

ellen Fall Medizinfunktionäre gefordert sind. Wir selbst, die wir den Menschen am Grunde seiner Krankheit abholen, sind als Schrittmacher gefordert. Und ganz besonders sind wir Vertreter der spirituell-energetischen Heilweisen gefordert; wir haben die Pflicht und das Verständnis, den Weg nach innen zu gehen, ohne den der Weg eines ganzheitliches Heilwerdens nicht passierbar ist.

Ausklang

Am 28. Januar 2000 stand im Deutschen Ärzteblatt ein Aufsatz von Prof. Dr. med. Schmahl und Prof. Dr. C.-F. von Weizsäcker. Hieraus möchte ich folgende Aussage zitieren:

»In der Medizin sind bisher die radikalen Änderungen, die in der Naturwissenschaft durch die Quantentheorie als Grundpfeiler der modernen Physik erzwungen wurden, zu wenig beachtet worden. In der Naturwissenschaft wird eine substantielle Trennung von Subjekt und Objekt nicht mehr durchgehend aufrechterhalten. Im ärztlichen Denken findet sich noch oft eine polarisierende Gegenüberstellung von Psyche und Soma. Wenn bereits in der Naturwissenschaft, als eine der Grundlagendisziplinen der Medizin, eine Überwindung des Dualismus von Subjekt und Objekt erforderlich ist, bedeutet dies für den Arzt eine große Ermutigung, auch in seiner Wissenschaft und seinem Beruf zum Teil noch bestehende alte Denkstrukturen einer strikten Trennung von Subjekt und Objekt (von Seele und Leib, d. Verf.) zu überwinden.«

Ich möchte an die Physik des Elektrons erinnern, das, abhängig von der Anlage des Experimentes, als Körper nachweisbar ist oder immateriell als Welle, die räumlich und zeitlich nicht zuzuordnen ist; an die Steuerungsebenen des menschlichen Organismus, die mit den Grundlagen von Bioenergie und Bioinformation arbeiten oder an die Biophotonen, die in unserem Organismus Steuerungsfunktionen übernehmen und die auf andere Organismen einwirken können. Ich möchte erinnern an die Erkenntnisse der Quantenphysik, dass unser Bewusstsein Materie steuert und beeinflusst und dass schließlich die Grenzen zwischen Geist und Materie fließend geworden sind.

Ich möchte an uns alle, die Ärzte und die Menschen in anderen heilenden Berufen, die Frage stellen, woher wir bei all dem Gesagten noch den Mut nehmen zu glauben, dass liebende Zuwendung an unsere Patienten nicht deren Gesundheit verbessert. Woher wir den Mut nehmen zu glauben, dass sich mit der entsprechenden spirituellen Grundeinstellung keine Sinnerweiterung im Leben unserer Patienten erwecken lässt.
Ich kenne viele Berufskollegen, die auch ohne Wissen um die moderne Physik täglich ihre Arbeit tun im Dienst der Menschlichkeit und in liebender Zuwendung an den Menschen, der vor ihnen steht und ihre Hilfe braucht. Natürlich müssen Ärzte sich auch an wirtschaftlichen Zwängen orientieren; wer das leugnen würde, wäre ein Narr.

Eine Onkologin sagte einmal zu mir: »Im Bereich der Onkologie haben wir es häufig mit sehr kranken Menschen zu tun, die sich oft im Endstadium ihrer tödlich verlaufenden Krankheit befinden. Und immer dann, wenn ich an die Grenzen dessen stoße, was ich mit meiner ärztlichen Arbeit noch erreichen kann, wende ich mich mit einem noch viel stärkeren Mitgefühl diesen Patienten zu. Gerade in diesem Stadium komme ich ihnen menschlich näher, als ich es in der Zeit vorher je gewesen bin. Und fast immer mache ich

dann die für mich erstaunliche Erfahrung, dass es im körperlichen und seelischen Befinden der Patienten zu einer deutlichen, subjektiv und objektiv feststellbaren Besserung kommt.«
Ich glaube nicht, dass diese hoch spezialisierte und sehr fähige Ärztin sich jemals mit geistigen Heilweisen auseinandergesetzt hat; aber den Sinn dieser Heilweisen hat sie vortrefflich beschrieben.
Es gibt Therapeuten, die sich auf das spezialisiert haben, was die Onkologin beschreibt: auf geistig-energetische Heilweisen.

Wie oft muss unsere Schulmedizin Patienten »abspeisen«: »Es tut uns sehr leid, aber Sie sind austherapiert. Wir können nichts mehr für Sie tun ...«, oder: »Mit diesen Schmerzen müssen Sie leben, wir haben alles in unserer Macht Stehende versucht ...«
Tatsächlich? Kümmern wir uns auch um den oft seelischen Mangel, der hinter den Krankheiten steht? Berücksichtigen wir alte seelische Verletzungen, Schuldgefühle, Einsamkeiten, Ängste, Verzweiflung? Geben wir den Menschen etwas an die Hand, ja, nehmen wir sie bei der Hand, um ihnen den Sinn in ihrem Leben neu aufzuzeigen? Aktiviert unsere Therapie wirklich ihre Selbstheilungskräfte? Nur dann hätten wir alles in unserer Macht Stehende versucht. Und meinetwegen noch ein Stück mehr. Dort, wo unsere Macht aufhört, beginnt eine andere, göttliche. Warum sollten wir nicht alles, wirklich alles versuchen:
Lassen wir es zu, dass liebend motivierte Heiler und Heilerinnen die modernen Therapiesysteme unserer Schulmedizin um eine spirituell-energetische Komponente erweitern!
Wir Ärzte können es uns leisten, einem groß angelegten

Versuch in dieser Richtung beizustimmen. Wir haben eine starke Position, denn uns vertrauen viele Menschen, und die, bei denen wir erfolgreich waren, werden unsere Hilfe auch in Zukunft nicht missen wollen. Für diejenigen, denen wir bisher nicht helfen konnten, stehen Heiler und Heilerinnen bereit, die laut unzähliger und umfangreicher Untersuchungen keine Traumtänzer sind, sondern erstaunliche Resultate vorweisen können. Sie arbeiten in Schichten des Menschen, an die wir Ärzte oft nicht herankommen. Ist es nicht das, was uns am Herzen liegt: unsere Patienten zu heilen? Ob allein oder in der bereichernden Zusammenarbeit mit anderen. Die Gesundheit unserer Patienten auf allen Ebenen sollte unser Handeln maßgeblich bestimmen.

Ich appelliere herzlich an alle Ärzte: Wagen Sie einen Versuch! Ihre Patienten werden es Ihnen danken. Und Sie selbst adeln damit Ihren Arztberuf, denn Sie haben das Wohl Ihrer Patienten über Ihre eigenen Vorurteile gestellt.

Ich selbst kenne die »Heilerszene« wie wenige Ärzte sonst. Deshalb kann ich versichern: Die Seriösen unter den Heilern werden jede gute Chance begrüßen, gemeinsam mit den Ärzten zum Wohle der uns anvertrauten Menschen zu arbeiten. Die Heiler und Heilerinnen warten auf offene Gespräche, auf Meinungsaustausch in gleicher Augenhöhe und auf eine Zusammenarbeit unter Partnern.

Ich appelliere auch an alle Nichtmediziner: Öffnen Sie Ihre Seele und Ihr Herz für das Neue! Tragen Sie die positiven Erfahrungen, die Sie damit machen, in die Welt. Wir alle sind für unsere Zukunft mitverantwortlich. Der Gedanke der

Ganzheitlichkeit ist wie ein Same, der aufgehen und erblühen soll – zum Wohle aller Menschen und zum Wohle der Natur.

In diesem Sinne: Alles erdenklich Gute für Sie!

Literatur

Bischof, Marco: »Biophotonen, das Licht in unseren Zellen«, Verlag Zweitausendeins, Frankfurt/Main, 1995

– »Tachyonen, Orgonenergie, Skalarwellen«, AT Verlag, Aarau (Schweiz), 2002

Bösch, Jacob, Prof. Dr. med.: »Spirituelles Heilen und Schulmedizin«, Buchverlag Lokwort, Bern, 3. Aufl., 2003

Brennan, Barbara N.: »Licht-Arbeit«, Goldmann Verlag, 3. Aufl. 1987

Chopra, Deepak, Dr.: »Die heilende Kraft«, Gustav Lübbe Verlag GmbH, Berg. Gladbach

Cowens, Deborah / Monte, Tom: »Die Gabe des Heilens«, Rowohlt TB Verlag, Reinbek b. Hamburg, 10/1997

Davies, Brenda, Dr. med.: »Chakras – Tore zur Seele«, Aquamarin Verlag, Grafing, 2002

Edwards, Harry: »Praxis der Geistheilung«, Hermann Bauer Verlag KG, Freiburg, 1976

Geisler, Linus / Mölk-Tassel, Bernd: »Der gute Arzt«, in GEO-Wissen Nr. 30, Gruner und Jahr, Hamburg, 2002

Hirschberger, Johannes: »Geschichte der Philosophie Bd. I u. II«, Herder Verlag, Freiburg, 12. Auflage, 11/1980

Jäger, Willigis: »Suche nach der Wahrheit«, Verlag Via Nova, Petersberg, 1998

Kehl, Medard: »Und was kommt nach dem Ende?«, Herder Verlag, Freiburg/Basel/Wien, 1999

Klein, Stefan / Jacobsen, Sven: »... ohne Risiken und Nebenwirkungen«, GEO, 10/2003

Korff, Wilhelm / Beck, Ludwig / Mikat, Paul (Hrsg.): Lexi-

kon der Bioethik, Gütersloher Verlagshaus, Gütersloh, 2000
Korotkov, Konstantin G.: »GDV Training Materials«, St. Petersburg, 2002
Kyriacos, C. Markides: »Feuer des Herzens«, Schirner Taschenbuch, Darmstadt, 2004
Ludwig, Wolfgang, Dr.: »Informative Medizin«, VGM Verlag für Ganzheitsmedizin, Essen, 1999
McTaggart, Lynne: »Das Nullpunkt-Feld«, Wilhelm Goldmann Verlag, München, 2003
Millmann, Dan: »Die universellen Lebensgesetze des friedvollen Kriegers«, Ansata Verlag, Interlaken, 1996
Porter, Roy: »Die Kunst des Heilens«, Spektrum Akademischer Verlag, Heidelberg/Berlin, 2003
Pothmann, Raymund (Hrsg.): »Akupunktur-Repetitorium«, Hippokrates Verlag GmbH Stuttgart, 1997
Robert, Sebastian: »Die neuen Heiler«, Herbig Verlagsbuchhandlung GmbH, München, 1999
Ropers, R. Roland: »Geburtsstunde des neuen Menschen«, Verlag Via Nova, Petersberg, 1998
Schmahl, Friedrich W., Prof. Dr. med. / Weizsäcker, Carl-F., Prof. Dr.: »Moderne Physik und Grundfragen der Medizin«, Dt. Ärzteblatt 97, Heft 4, 28.01.2000
Schwarz, Reinhold: »Hilfe für leidende Seelen«, in: »Spektrum der Wissenschaft Spezial – Krebsmedizin II«, Spektrum d. Wissenschaft Verlags GmbH, Heidelberg, 09/2003
Sheldrake, R. / Fow, Matthew: »Die Seele ist ein Feld«, Scherz Verlag, Bern/München/Wien, 1998
Simonsohn, Barbara: »Das authentische Reiki«, Scherz Verlag, Bern/München/Wien, 1996
Talbot, Michael: »Das holographische Universum«, Droe-

mersche Verlagsanstalt Th. Knaur Nachf., München, 1992
Treugut, Hendrik, PD Dr. med. habil. / Doepp, Manfred, Dr. med.: »Energetische- und Informationsmedizin«, Sonderdruck DGEIM
Warnke, Ulrich: »Gehirnmagie«, Popular Academic Verlags-Ges., Saarbrücken, 1997
Werthmüller, Lucius: »Lebensenergie zwischen Mysterium und Forschungsobjekt«, in: Dr. H. Wiesendanger (Hrsg.): »Geistiges Heilen für eine neue Zeit«, Kösel Verlag GmbH u. Co, München, 1999
Weizsäcker, Carl-Friedrich von, Prof. Dr.: »Aufbau der Physik«, Dtsch. Taschenbuchverlag GmbH & Co. KG, 4. Aufl., München, 2002
Wiesendanger, Dr. Harald: »Geistiges Heilen in Ärztlicher Praxis«, Lea Verlag, Schönbrunn, 7/2004
– »Das große Buch vom Geistigen Heilen – Möglichkeiten, Grenzen, Gefahren«, Goldmann Verlag, München, 1997
– »Geistheiler – Der Ratgeber«, Lea Verlag, Schönbrunn, 3. Aufl., 2004
Wühr, Erich: »Chinesische Akupunktur und Moxibustion«, Verlag für ganzheitliche Medizin Dr. E. Wühr GmbH, Kötzing/Bayer. Wald, 1988
– »Wunschmaschine im Kopf«, Der Spiegel, Nr. 43/2004

Joachim Faulstich

Das heilende Bewusstsein

Wunder und Hoffnung
an den Grenzen der Medizin

Welche Rolle spielt der Geist, wenn Menschen von unheilbar erscheinenden Krankheiten genesen?
Ist es möglich, im Bewusstsein Bilder zu erschaffen, die jahrzehntelange Migräne und Neurodermitis, vielleicht sogar Lähmungen und Krebs heilen?
Dieses Buch ist eine Reise durch die Kontinente und die Zeit: von den Heilungszeremonien der Indianer über die Traumtempel des antiken Griechenland bis in die Labors der Hirnforscher, wo sich Glaube und Hoffnung als verborgene Macht der Selbstheilung offenbaren. In der Begegnung mit Ärzten, Hypnosetherapeuten, Heilern und ihren Patienten entsteht ein neues und zugleich altes Bild der Wirklichkeit: Der Geist kann Wunder wirken, aber Wunder geschehen nicht im Widerspruch zur Natur, sondern im Gegensatz zu dem, was wir von der Natur wissen.

Knaur
MensSana

Thomas Schäfer

Wie aus Leiden wieder Liebe wird

Mann und Frau
aus Sicht des Familienstellens

Thomas Schäfer wendet sich mit diesem Buch zentralen Fragen der Beziehung zwischen Mann und Frau zu und zeigt, wo die seelischen Ursachen von Paarkonflikten liegen. Was hilft weiter bei ständigen Streitereien, oder wenn es im Bett nicht mehr richtig klappt? Wie können Patchwork-Familien gelingen?
Oftmals beruhen solche Konflikte auf Übertragungen der Herkunftsfamilie, die mit Hilfe des Familienstellens erkannt und aufgelöst werden können.

Knaur
MensSana

Ärzteakademie für Geistiges Heilen (ÄfGH)®

Leitung: Dr. med. Wolfgang Bittscheidt – Inhaberin: Teresa Schuhl

Sinn dieser 2007 gegründeten Ärzteakademie ist es, die Grundlagen Geistigen Heilens überwiegend schulmedizinisch arbeitenden Ärzten in Theorie und praktischer Anwendung nahezubringen und damit einem seit Jahren immer stärker werdenden Ruf von Seiten vieler Patienten zu folgen.

Durch unser Ausbildungsprogramm erreichen wir, dass der hohe Therapiestandard aktuellster medizinischer Forschung aus den Bereichen Biophotonik, energetische und Informationsmedizin einhergehen kann mit der liebevollen Zuwendung von Heilern, welche eine Krankheit in den tiefsten Schichten der menschlichen Persönlichkeit aufsuchen und von dort her den Patienten den Zugang zu ihren Selbstheilungskräften ermöglichen.

Die ärztliche und wissenschaftliche Leitung der Akademie liegt in den Händen des Facharztes Dr. med. Wolfgang Bittscheidt, der nach 25 Jahren ärztlicher Tätigkeit Geistiges Heilen in das therapeutische Spektrum seiner Arbeit miteinbezogen hat und es seither praktiziert. Weitere leitende Funktionen werden innerhalb der Akademie von Frau Teresa Schuhl wahrgenommen.

Als Fachreferenten stehen bei der Durchführung des Lehrprogramms namhafte Naturwissenschaftler sowie Ärztinnen und Ärzte verschiedener fachlicher Schwerpunkte zur Verfügung.

Ärzteakademie:

Teresa Schuhl und Dr. med. Wolfgang Bittscheidt

Knütgenstrasse 4-6

53721 Siegburg

Tel: 02241 1275848 Fax: 02241 1463933

www.praxis@arzt-und-heiler.com